Résolution française

Du même auteur

De la vérité en politique, Plon, 2013.
La France solidaire, Plon, 2012.
Abus de pouvoir, Plon, 2009.
Confidences, recueillies par Estelle, Jean Véronis et Nicolas Voisin, Max Milo, 2007.
Projet d'espoir, Plon, 2007.
Au nom du tiers état, Hachette Littératures, 2006.
Oui : plaidoyer pour la Constitution européenne, Plon, 2005.
Relève, Grasset, 2001.
Hors des sentiers battus : entretiens avec Sylvie Pierre-Brossolette, Hachette Littératures, 1999.
Ils portaient l'écharpe blanche : l'aventure des premiers réformés des guerres de Religion à l'édit de Nantes, de la révocation à la Révolution, Grasset, 1998.
Henri IV raconté par François Bayrou, Perrin Jeunesse, 1998.
Le Droit au sens, Flammarion, 1996.
Henri IV, le roi libre, Flammarion, 1994.
La Décennie des mal-appris, Flammarion, 1990.

François Bayrou

Résolution française

Éditions de
L'Observatoire

ISBN : 979-10-329-0000-0
Dépôt légal : 2017, février

170 bis, boulevard du Montparnasse 75014 Paris

À mes tribus.

Déclaration de principe

Quand les choses vont mal trop longtemps, vient toujours un moment où l'on se lasse de la lassitude elle-même. Pour la France, ce moment s'approche !

Ce n'est pas un peuple qui va se suicider, pas un peuple qui va se perdre. Il va envoyer sa dépression par-dessus les moulins. C'est son réveil qu'il va décider.

En d'autres temps, il ferait des révolutions violentes, manière de s'ouvrir un chemin à coups de serpe ou de machette, de mettre à bas ce qui était en haut, sans trop d'illusions. Il ne serait pas vraiment dupe, bien sûr. On sait bien, quand on est un peuple avec un tel passé, on sait bien comment marche l'histoire. On ne se laisse pas prendre aux apparences, y compris de sa propre révolte, on sait bien que l'injustice, c'est comme la mauvaise herbe, ça revient toujours. On sait bien que ça tourne rarement au bénéfice du peuple d'en bas qui pourtant le mériterait. Mais au moins tout le monde comprendrait que rien ne serait plus comme avant.

Seulement, les révolutions violentes ne sont plus de saison. L'ordre et les forces qui le défendent ont des moyens bien élaborés, des lances à eau, des flashballs, des lacrymogènes, des écoutes. Et d'autre part, personne ne sait plus déraciner les pavés, d'abord parce qu'il n'y a plus de pavés. Et que tiennent les barricades improvisées contre le bulldozer et sa lame ?

Mais il demeure que la dépression sans issue, le mal de vivre, ça va un moment. Et après, d'autres forces se lèvent. Un matin, c'est là, ça se fait sentir, l'envie de vivre, « au creux des reins » chantait Barbara. C'est vieux comme l'humanité, cette alternance. Puissance de vie contre puissance de mort, Éros contre Thanatos disait Freud.

Le monde ne nous va pas très bien, soit ! Le monde comme il va depuis trop longtemps, sans but, en tout cas sans but qui nous entraîne, ce monde nous gave. Mais tout lassés que nous soyons, vient un matin où il faut se lever, secouer le gris des nuits trop longues, regarder les enfants et se mettre à marcher pour eux et avec eux. Même avec le monde tel qu'il est, tout bancal que nous le connaissions, en espérant le redresser en cours de route.

Un fragile qui marche va toujours plus loin qu'un fort qui reste assis.

Ce moment est venu : nos résolutions sont prises. Il convient de boucler notre sac, de ne pas oublier la boussole et la carte.

Je vais soutenir dans ce livre une thèse provocante et qui est en contradiction avec ce que pensent et ce que ressentent depuis des années la plupart de nos compatriotes, qui forment aujourd'hui le peuple le plus pessimiste de toute la planète.

Je crois que de la situation de marasme où nous sommes, il est non seulement possible, mais même assez facile de sortir. En tout cas plus facile qu'on ne le croit quand, comme aujourd'hui, on ne voit d'issue nulle part.

Il suffit d'avoir les idées claires, les idées robustes, assez simples pour agir.

C'est fascinant comme les grands redressements de l'histoire se sont toujours bâtis autour des idées claires et simples.

Churchill et Clemenceau, au moment de la guerre, c'était : tout pour la guerre et ne jamais céder. Gandhi, c'était l'indépendance et la non-violence pour l'imposer. De Gaulle, c'était la prospérité par l'indépendance et la décolonisation.

C'est le temps des idées claires.

Les nuances ne me sont pas inconnues, je les pratique et je les aime. Elles sont l'élégance et la véracité de l'esprit. Mais l'action suppose que l'on puisse se fixer des buts à atteindre et les partager avec la grande armée de ceux qui marchent. Il faut donc dépouiller sa pensée pour que, au terme du raisonnement, on puisse fixer un cap. C'est ce que je ferai dans ce livre.

On disait jadis dans les salles de rédaction que le plus difficile et le plus long était d'écrire court et simple. Il en est de même dans l'exercice politique. Il faut un long temps d'expérience pour écarter l'apparence et isoler l'essentiel. Il faut avoir traversé quelques tempêtes pour ne pas se laisser prendre au caractère apparemment anodin du dangereux nuage à l'horizon, et ne pas se laisser impressionner par la grosse nuée noire qui, en fait, passera sans dommages.

D'autant que dans l'exercice démocratique, les idées ne sont pas étrangères à la personnalité de ceux qui les formulent. Contrairement à ce que disent les benêts, quand la crise s'avance, l'expérience ne nuit pas.

Les idées pèsent en réalité du poids de vie de ceux qui les conçoivent et les formulent.

La pensée, spécialement la pensée dirigée vers l'action, n'est pas chose légère. L'expérience la légitime et lui donne la densité nécessaire. Ces pages sont donc nourries d'années de combat, et j'espère aussi de lucidité.

Je sais bien que j'ai parfois ressemblé à Cassandre, qui prédit toujours les malheurs qui vont advenir, mais que l'on n'écoute jamais. Le don de prophétie, c'était Apollon qui le lui avait accordé pour la séduire, et qui dépité parce qu'elle n'avait pas voulu de lui, l'avait condamnée à n'être jamais crue quand elle annoncerait la vérité. Qu'on se rassure : jamais aucun dieu ni aucune déesse ne m'a fait la cour. Mais c'est vrai qu'il est fréquent pour qui voit à peu près juste de n'être point entendu. Fréquent, et désagréable.

Cependant je n'échange rien contre ces combats. Ni les honneurs fugaces, ni les victoires frelatées, n'ont à mes yeux rien qui vaille la peine. On ne donne pas sa vie pour de la gloriole, des chapeaux à plumes et des galons. On donne sa vie pour les siens, pour la vérité, pour qu'un peuple y voie clair. Cela seul vaut la peine et le risque.

Je ne regrette pas une minute de ces combats, même ceux qui ont fini par une défaite. Il était juste d'alerter très tôt contre le risque des déficits publics et de la dette. C'était le moment où tout aurait pu être sauvé, et le pays libéré de cette entrave. On avait tout pour cela, y compris la croissance. Il était juste de se battre pour le pluralisme, pour le changement de nos institutions, pour la moralisation de la vie publique, de dénoncer les « affaires » au moment où elles étaient mises en œuvre, l'affaire Tapie et consorts, organisée contre l'État, au cœur de l'État, par ceux dont la mission aurait dû être de défendre l'État. Juste aussi de refuser les privatisations abusives, comme celle des autoroutes. Il était juste de combattre les abus de pouvoir sous toutes leurs formes. Il était juste de conduire une campagne sur la question du « produire en France » et de l'« instruire en France ».

Beaucoup de ces combats se sont trouvés reconnus, des années après, par la justice, par l'opinion ou simplement par la réalité. J'en suis heureux, mais ce n'est pas pour obtenir une reconnaissance que je les ai menés. Je les ai menés parce que l'engagement a sa logique, et que s'engager à moitié c'est salissant. Et je les ai menés parce que je ne sais pas faire autrement, quand je vois l'injustice, que d'essayer de la réduire.

Dois-je ajouter que je trouve intéressant de vérifier qu'on peut y voir clair quand le grand nombre se trompe ? Qu'une minorité, parfois qu'un homme seul puisse avoir raison contre l'arrogance des majorités pléthoriques ou contre le chœur de la pensée unique, c'est la preuve que le débat démocratique a toute sa valeur, que l'on peut écouter les voix singulières. Et qu'il faut se méfier quand tout le monde pense la même chose.

Cela rend du pouvoir au citoyen qui veut réfléchir, à l'électeur qui ne suit pas aveuglément la marée des sondages. À la pensée libre.

*

Le parti pris de ce livre est qu'on peut changer ce qui ne va pas, à partir du moment où on a clairement identifié la panne, le blocage, et leur cause.

Beaucoup de Français, après tant d'illusions, ont conclu qu'en fait c'était impossible. Les uns mettent en accusation les syndicats, d'autres les partis, ou les médias, d'autres encore le peuple de suiveurs aveugles que nous serions, les « veaux » comme de Gaulle les qualifia un jour rageusement. Et certains additionnent l'influence néfaste de tous ces facteurs d'immobilisme.

Je crois le contraire. Je crois que tout peut changer, *à condition de savoir ce qui doit changer.* Or l'univers contemporain est tellement complexe, et le labyrinthe des messages si embrouillé, les mots si creux d'autant que tout le monde utilise les mêmes, que la volonté peine à s'y repérer et à s'y frayer un chemin.

C'est pourquoi il est nécessaire de défendre une vision, de proposer une interprétation, de parler français et pas la langue sèche des rapports technocratiques.

Ajoutons, on le verra au long de ces pages, que je crois nécessaires des changements radicaux, mais pas les mêmes que ceux qu'on rabâche à longueur d'antenne. Je me sens assez éloigné de la plupart de ceux qui s'expriment en cette période électorale. Je bannis les experts qui parlent à la place des politiques. Je parle comme je parle, j'écris comme j'écris, mais c'est moi qui parle et qui écris, et nul autre, nulle plume empruntée, nul « groupe de travail ». Plus rudes sont les temps, plus il convient de les affronter à visage découvert.

*

On sera sans doute surpris de l'optimisme de fond qui oriente cette réflexion. Il est honnête que je dise un mot de cet optimisme.

Je suis assez peu porté aux confessions. Mais je consens du moins à celle-là : du plus loin que je me souvienne, j'ai toujours éprouvé une intense joie de vivre. Bien sûr, je vois venir de loin les orages et j'entends de loin les grondements des tremblements de terre. Mais je ne baisse pas facilement les bras et je ne signe pas de capitulation. Ni comme homme privé, ni comme citoyen, ni comme Français !

Il y a toujours eu en moi une sorte de joie sauvage, d'envie de mener la bataille, pas seulement d'avoir le courage qu'il faut, mais de rendre ce courage joyeux. Quelque chose qui ressemble à Turenne au moment d'entrer dans la mêlée de la bataille : « Tu trembles, carcasse, mais si tu savais où je vais te mener, tu tremblerais encore bien davantage ! »

Il arrive que des journalistes m'interrogent : « Quels ont été vos moments de découragement ? » J'ose à peine répondre la simple vérité : je ne me suis jamais senti découragé. Il m'est arrivé d'être triste, quand des compagnons se laissaient prendre à la tentation de la désertion et du ralliement aux puissants. Mais découragé, non vraiment.

C'est une chance, j'en suis conscient. C'est donné. C'est cadeau. C'est vrai pour tout le monde, pour chacun d'entre nous. On parle naïvement de « mérite ». En fait, on reçoit, sans l'avoir en rien mérité, l'essentiel de ce qu'on est. Dans un sens ou dans l'autre, chance ou malchance. C'est peut-être parce que je suis si conscient de cela que je ne supporte pas de cibler ceux qui échouent, ceux qui galèrent, ceux qui ne s'en sortent pas. Entre la réussite, notamment professionnelle, et l'échec, les difficultés de vivre, il y a l'épaisseur d'une feuille de papier à cigarettes, un souffle, un soupir.

Et cette joie sauvage, cet éclat de rire intérieur, m'ont toujours donné envie de renverser les montagnes, ou de les gravir, c'est selon. Et d'entraîner là-haut ceux que j'aime. Fin de la confidence.

Une brève feuille de route

La France est la France. Son identité, son ADN, ne ressemblent à celui d'aucun autre pays.

Car le projet national français, cette identité, ce code génétique, ce n'est pas une question ethnique ou religieuse, c'est un choix politique. Ou philosophique comme on voudra.

Ce projet est unique parmi les nations. Pour le définir en un mot, depuis le royaume de France, jusqu'à la Révolution et la République, et même depuis Vercingétorix si l'on veut, c'est un projet de résistance. De résistance contre la domination et de fédération de toutes les différences : réunir et rapprocher ceux qui se croyaient indifférents les uns aux autres pour résister aux puissances du temps, résister aux hégémonies extérieures, à la fatalité. Volonté farouche à la fois de former un peuple libre et de souder ce peuple par un idéal. Volonté historique d'incarner aux yeux du monde et de faire vivre une société qui porte un modèle. Autrement dit, une avant-garde au service d'un idéal. Les yeux tournés non pas seulement vers soi-même, son organisation, sa prospérité, ses conquêtes, mais vers la construction d'un modèle dont les valeurs et les principes soient universels. Liberté et justice, par exemple.

Mille ans et plus, deux mille ans si l'on veut, du même effort, du même élan.

Il se trouve aujourd'hui que cette volonté secrète et jamais abandonnée entre en conflit avec une évolution du monde qu'on nous présente comme inéluctable et qui est précisément le contraire de ce que la France a toujours voulu dans l'histoire : la soumission progressive à un modèle de société où règnent la loi du plus fort et le chacun-pour-soi.

Quand le pays se trouve à ce point contrarié dans ses aspirations, un manque de volonté, une sorte de faiblesse, se répand dans l'esprit public, la nation devient malheureuse.

Rien n'est donc plus urgent que de faire le travail de rappel de ce que nous sommes, au plus profond, pour nous réconcilier avec nous-mêmes et avec notre vocation. Et de chercher les chemins contemporains pour l'exercer.

Pour agir, il y a d'abord une question de méthode : méthode de démocratie, méthode de gouvernement. À la différence de la plupart des candidats en campagne, je ne prédis pas le passage subit de l'ombre à la lumière. Je ne crois pas aux décisions brutales, et je ne crois pas qu'on chamboule un pays de fond en comble. Il faut entraîner un pays, lui faire partager les grands choix et pour l'entraîner, il faut le rassurer et le convaincre. C'est *avec* un peuple que l'on gouverne, et non pas *contre* lui ni *sans* lui. En tout cas, cela est devenu une loi au temps de l'information continue et d'Internet.

Pour entraîner, encore faut-il partager un diagnostic et avoir une feuille de route.

Je livre les miens : parmi les peuples et les pays qui ont atteint notre niveau de développement, la France est l'un des mieux armés pour s'imposer et pour rayonner. Cette réalité est ignorée de la plupart des Français qui se vivent comme traversant de grandes difficultés et n'apercevant plus le cap qu'il conviendrait de suivre. Or ce cap existe, pourvu que nous comprenions les erreurs que nous avons faites ou laissé faire. Et contrairement à ce qui est régulièrement affirmé notre modèle de société solidaire, outre qu'il est le plus précieux de ce que nous sommes, qu'on ne peut pas l'arracher de nous-mêmes, est un des plus décisifs de nos atouts.

Si l'on veut juger de l'avenir du pays, de la santé qu'on veut lui rendre, il convient que soient rétablies trois *constantes vitales*, comme on dit en médecine, qui seront autant de points de repère pour donner sens à notre action collective.

Ces constantes vitales constituent donc en même temps un objectif à atteindre et une condition de la dynamique et de l'harmonie à retrouver.

La première de ces conditions à ne jamais perdre de vue est l'*unité du pays*, de son peuple, de sa société. C'est la nature même de l'aventure collective de la France : un peuple qui ne s'entend que comme solidaire, pour qui la solidarité est à la fois une manière d'être et un objectif. L'unité n'est pas l'uniformité. L'unité ne porte pas atteinte aux libertés personnelles et collectives. Mais elle est la dimension majeure de notre existence. Cette unité est compromise par le mouvement de dissolution sociale qui paraît s'imposer partout dans le monde, au travers des idéologies qui présentent comme fatale la croissance des inégalités. Elle est compromise par les dérives de notre démocratie. Elle est fragilisée par les échecs de l'Éducation nationale. Elle se trouve à l'épreuve dans les chances et les risques que l'immigration fait courir à notre société. Elle est questionnée dans son choix de laïcité lorsque l'Islam devient la deuxième religion du pays. Cette unité, il faut la reconstruire, non pas théoriquement, dans les mots et les grands sentiments, mais pour chacun de ces chapitres dans le réel.

Le deuxième de ces repères doit être de rendre à la société française l'*énergie* qu'elle a perdue. C'est dans son énergie que la société est aujourd'hui affaiblie. En France, on regarde davantage l'État qu'on ne regarde la société. Notre pays s'est construit autour d'un État fort, d'une Administration puissante. C'est le pays de la loi et du règlement. Mais cette médaille a son revers : la règle est devenue paralysante, la norme étouffante. Toutes les forces de la France sont en réalité paralysées par un réseau de défiance. La question principale est de retrouver la confiance. C'est vrai en économie, notamment parce que la confiance est la clé de l'investissement. C'est vrai pour le destin individuel de chaque jeune Français, fille ou garçon, qui sent bien que dans cet univers bloqué les chances ne sont pas égales. C'est vrai pour l'école qui se perd, alternance après alternance, dans des guerres d'idéologie pédagogique devenues un piège pour les élèves et pour les enseignants eux-mêmes. L'énergie ne pourra se retrouver que dans un climat nouveau de confiance, confiance au terrain, confiance aux acteurs, individuels, en entreprise ou en association. Pour la France, il y a là un gisement d'énergie où elle retrouvera son rayonnement.

La troisième condition vitale, c'est la *vision*. L'histoire exige que nous sachions, comme pays, comme nation, ce que nous sommes et où nous allons. Comme peuple, nous aspirons, et nous avons bien raison, à la souveraineté. Nous aspirons à prendre en main notre destin et à décider nous-mêmes les cadres de notre vie collective. Cette aspiration est irrésistible et elle est légitime. Mais nous devons définir ce que devient la réalité de cette souveraineté dans le cadre de l'État-nation. Tout aussi légitime est de défendre notre identité, notre culture et notre langue, et de les projeter vers l'avenir. Et si nous constatons que le monde où nous vivons exige d'atteindre une masse critique pour être respecté et entendu, alors il nous faut donner un sens nouveau et des règles de vie nouvelles à l'aventure européenne. Il se trouve que la vision française de l'avenir nous permet de prendre en charge mieux que d'autres la responsabilité universelle que l'histoire nous a habitués à exercer. C'est vrai pour la protection du patrimoine naturel universel. C'est vrai pour une certaine idée de la sécurité mondiale et de la régulation des conflits. Cette vision du rôle de la France parmi les nations est une dimension nécessaire de notre rétablissement.

Ces trois constantes ont été perdues de vue dans les dernières décennies. En tout cas, elles n'ont pas été clairement analysées et définies : les gouvernants n'ont pas partagé avec les citoyens la conscience de ce que l'unité de la société, l'énergie de la nation et une claire vision de notre vocation dans le monde représentaient pour l'harmonie et le bien-être collectif et personnel. Les erreurs qui ont été accumulées par méconnaissance de ces trois conditions vitales sont innombrables.

Rétablir et renforcer ces trois dimensions de notre avenir, l'unité, l'énergie, la vision, telle doit être la substance de notre résolution française.

ÉTAT DE LA FRANCE

Vitalité de la France

Pour peu qu'elle se rétablisse, la France est mieux placée, mieux armée qu'aucun de ses voisins ! Cette affirmation paraîtra déplacée et peut-être scandaleuse à beaucoup.

Pourtant, nous avons gagné la bataille principale ! Tout est d'ores et déjà en place pour que la France soit reconnue d'ici quelques années comme la première nation d'Europe.

J'écris cela sans trembler. Ce n'est pas une prédiction, c'est une certitude. Et c'est une certitude qui va, dans les années qui viennent, imprégner peu à peu tous nos comportements nationaux. On ne se tient pas de la même manière si, dans une communauté de nations et de peuples, on est une nation seconde ou si on est de manière certaine une nation première.

La bataille a été livrée alors même que personne ne s'en apercevait. La première bataille, la « mère de toutes les batailles » pour une nation plongée dans la compétition du monde développé, cette bataille que nous avons livrée, et gagnée, c'est la bataille de la démographie.

Si l'on compare les situations respectives de la France et de l'Allemagne, alors on découvrira, à la stupéfaction de beaucoup, que la France est d'ores et déjà certaine de devenir dans quelques courtes années le premier pays européen, sans que nul n'y puisse rien changer.

Si l'on regarde les statistiques[1] sur le nombre des moins de 20 ans, les jeunes Français sont plus nombreux que les jeunes Allemands de près de deux millions, alors que la population totale de l'Allemagne est pourtant de 15 millions plus élevée que la nôtre ! Et si l'on compare les chiffres pour les seuls enfants de moins de 10 ans, les enfants français sont 1 200 000 de plus que les enfants allemands.

Les femmes françaises ont eu toutes ces dernières années un peu plus de 2 enfants en moyenne, les femmes allemandes 1,3. Le chiffre de cette différence qui n'a l'air de rien, « zéro virgule sept », représente à l'arrivée des millions de garçons et de filles, de futurs étudiants en formation, de citoyennes et de citoyens qui travailleront, inventeront, infuseront dans le pays la vitalité qui sera son bien le plus précieux.

La démographie est une science exacte, elle est la science des certitudes. Les enfants déjà nés seront un jour pas si lointain des adultes. À leur tour ils feront naître des enfants. Rien, sauf la guerre et les épidémies, ne peut en réduire le nombre avéré.

C'est là qu'est la puissance première, pacifique mais dynamique.

Il est donc certain que d'ici vingt ou trente ans, la population française aura rejoint la population allemande, autour de 75 millions d'habitants pour chacun des deux pays, alors que le nombre des personnes âgées sera bien plus important chez nos voisins !

1. Données Insee et Eurostat 2015.

C'est à la conscience de cette réalité que l'on rapporte la décision allemande de laisser entrer dans le pays un million de réfugiés. Une manière de corriger quelque peu le déséquilibre de la pyramide des âges. Cela n'a rien de facile, et risque de créer, on le voit bien, de fortes tensions sociales et culturelles.

Notre chance est donc bien cette ressource de jeunesse alors que bien d'autres parmi les pays développés en manquent.

Il faut faire attention : ces toutes proches dernières années, on a noté un fléchissement, léger mais significatif. Pour la première fois sans doute dans notre histoire nationale, en 2015, le taux de natalité est tombé au-dessous du chiffre rond de 2 enfants par femme. L'Insee dit que ce chiffre aura été de 1,96. C'est-à-dire que sans immigration et sans augmentation de l'espérance de vie le renouvellement des générations ne serait pas assuré dans notre pays.

C'est une pente dangereuse. C'est à proprement parler une pente fatale. Il faut voir les terribles difficultés morales et vitales auxquelles sont confrontés les pays qui voient leur population s'effondrer. La situation est telle en Chine, pays de l'enfant unique, que les autorités viennent de décider d'une politique d'encouragement au second enfant. Lors d'une visite récente au Japon, nos hôtes nous ont décrit l'intense recherche en robotique, destinée à suppléer le déclin des forces des personnes âgées, qui ne trouveront pas d'aide ou d'auxiliaire de vie, faute de jeunes à employer. Et les études, et la formation, et la force vive sont atteintes de la même manière.

Pour ceux qui acceptent cette richesse, les enfants sont sans doute le bonheur du présent. Mais pour toute la nation, ils sont à coup sûr la garantie de l'avenir. Ce n'est pas seulement, comme on le dit, qu'ils « paieront les retraites » : bien sûr ce sera leur charge et la chance des pensionnés. Mais surtout, ils inventeront, ils entreprendront, ils créeront des associations ou des ONG, ils penseront le monde nouveau, ils guériront des maladies, ils seront la jouvence des temps usés.

Ce fléchissement constaté en France doit être mis en rapport d'une part avec la baisse du moral de la nation (on ne fait naître des enfants que si l'on croit à son propre futur), et d'autre part avec les politiques d'aides aux familles amputées par les décisions gouvernementales. Ces décisions ont été présentées comme des mesures de justice fiscale et sociale : ne plus aider les familles dont on considère qu'elles « ont les moyens », en amputant le quotient familial. Ce mode de calcul du revenu reposait sur l'idée qu'on ne taxe pas de la même manière un revenu selon qu'il fait vivre, une, plusieurs ou un grand nombre de personnes. Et qu'on équilibrait, à revenu égal, entre les familles selon le nombre des enfants qu'elles élevaient.

Le signal d'un renchérissement réel du coût de la vie pour les familles nombreuses a été immédiatement perçu. Et les conséquences négatives pour la vitalité de la nation ne se sont pas fait attendre.

Prendre à nouveau conscience que les enfants, les enfants de tous les milieux sociaux, sont pour la nation le meilleur des investissements, c'est une première clé, à tous les sens de l'adjectif « premier », urgente et prioritaire, du retour à la vitalité de notre pays. C'est vrai pour ceux qui choisissent d'en avoir, pour ceux qui n'en ont pas, par choix ou par obligation. C'est un bien commun.

Cette position n'est pas à la mode, elle n'est pas dans l'air du temps épuisé qui est le nôtre. Mais elle va le devenir : les nations développées y viennent l'une après l'autre. Et il ne faut pas craindre de soutenir que la France, qui a réussi à maintenir une avance indiscutée dans ce domaine, ne peut sacrifier un avantage aussi déterminant !

Si l'on doit regarder les décisions cruciales pour le redressement national, nous avons là un choix décisif : considérer comme d'intérêt vital pour la France, sa capacité à maintenir une natalité qui assure, au moins, le renouvellement des générations. Prendre pour cela les décisions qui s'imposent, et corriger les erreurs avant qu'elles ne deviennent chroniques.

Il y a là des décisions fiscales, mais aussi des décisions sociales : les crèches, les assistantes maternelles, les emplois familiaux, la défense de l'égalité des hommes et des femmes devant le salaire et la carrière, y compris pendant la période de maternité, sont la garantie de la possibilité pour les parents qui le souhaitent de soutenir une carrière professionnelle. Tous ces choix concourent à la vitalité démographique.

La vitalité démographique est en même temps une exigence : exigence d'efficacité pour l'éducation du jeune enfant, exigence de souplesse, par exemple pour les horaires de garde, exigence de prise en compte pour la retraite des périodes consacrées à l'éducation des enfants. Richesse d'enfants, c'est toute une philosophie de la vie en commun.

Et le moral rétabli de la nation fera le reste.

Une société forte

La démographie n'est pas notre seul atout. Nous avons des scientifiques, des ingénieurs, des cadres, des femmes et des hommes formés. Nous avons dans notre pays un haut niveau d'équipements publics. Même si nous en avons perdu beaucoup, nous avons de grandes entreprises de niveau mondial, des technologies de pointe, certes pas dans tous les secteurs de la production et des services, mais dans nombre d'entre eux.

Et nous avons ces atouts dans un monde en si profonde mutation que beaucoup de pays qui paraissaient devoir nous terrasser, en raison de la faiblesse de leurs salaires par exemple, vont eux-mêmes être pris dans les turbulences des révolutions sociales et technologiques qui viennent.

Car elles viennent ! Et ceux qui croyaient que l'essentiel des bouleversements était derrière nous découvrent un nouveau monde : un monde dans lequel l'explosion des technologies nouvelles, celles du numérique, celles de la génétique, celles de la biologie, celles des nanoparticules, ou des progrès énergétiques va rééquilibrer la situation entre pays développés et émergents.

C'est un monde dans lequel l'importance de la stabilité juridique, ou la prise de conscience des dangers de la corruption, vont donner un nouvel attrait aux pays d'histoire longue et stable dont nous sommes les héritiers et désormais les responsables.

Il faut du temps, du temps long, pour construire un pays fiable. Et les investissements ont d'abord besoin de fiabilité !

Nous allons découvrir un temps où la part de la main-d'œuvre peu formée, mécanique, et très peu chère pèsera de moins en moins dans la production de biens et de services. La robotique, la technologie des imprimantes 3D, vont prendre une grande part de la place de cette main-d'œuvre. Qu'importe donc que le travail vaille 10 % de plus ou de moins, si ce travail même ne représente que 10 % du prix final. Ce n'est au bout du compte qu'une variation de 1 % sur le coût du produit !

En revanche, le climat du pays, son moral, la sécurité qu'il offrira à l'entrepreneur ou à l'investisseur, cela, oui, tout cela pèsera lourd, et le lien social, et la qualité de l'éducation ! Et tout autant, l'ambiance particulière d'un pays qui osera s'affirmer différent des autres, sortir du conformisme globalisé, assumer la singularité d'un projet de société à nul autre pareil !

Au moment où des révolutions technologiques se proposent, qui vont mettre à notre portée des moyens d'action sans précédent dans l'histoire de l'humanité, nous pouvons être les mieux formés, les plus attirants, les plus rassurants pour les acclimater et les accueillir. À condition d'avoir construit une société suffisamment solide et solidaire pour n'être pas exposée aux soubresauts et aux aléas qui sont autant de tremblements de terre.

Bien sûr, nous avons à accepter de nouveaux comportements. Nos peurs sont mauvaises conseillères. Bien sûr, il nous faut sortir de nos impasses et de nos blocages décourageants. Cela demande un très grand effort de compréhension et de lucidité et un tel effort exige courage et détermination. Mais aucun pays dans le monde n'est mieux doté que nous ne le sommes pour décider un tel effort et en obtenir un tel progrès.

Nous sommes armés par notre histoire et par notre idéal.

D'être un des cinq pays membres permanents du Conseil de sécurité des Nations unies, d'être un des seuls pays du monde capables d'interventions militaires majeures, d'offrir à l'Union européenne tout entière la dissuasion nucléaire que nous avons construite, d'être la tête de pont de centaines de millions de francophones dans le monde, d'avoir avec une grande partie du continent africain une intimité éprouvée, tout cela nous singularise. Il ne nous manque que d'en prendre conscience.

Nous avons enfin une force que nous sous-estimons : notre modèle de société solidaire. L'expression « modèle social » a été déviée de son sens, elle est devenue synonyme d'assistance. Or notre solidarité est bien plus large. Elle touche à l'éducation, elle touche à l'aménagement du territoire, aux grands équipements publics, à la culture.

Dans le monde anxiogène, risqué, où nous vivons, cette solidarité que l'on voudrait nous présenter d'abord comme une charge, nous pouvons la regarder d'abord comme une chance.

Elle est une part de notre identité, et elle est une part de l'image de la France dans le monde. Or pour un grand pays, une telle image est un atout. Le monde va devenir si dur que les peuples de la planète vont chercher des repères qui permettent d'apprivoiser la vie et de garantir son humanité.

Notre modèle solidaire, qui mérite d'être adapté, assoupli, équilibré, peut devenir une référence universelle. Il suffit que nous le défendions.

Le mal français

Je n'ignore aucune de nos fragilités, aucune de nos faiblesses. Je sais combien elles corrodent le métal de la nation. Il importe donc, pour les corriger, de comprendre d'où elles viennent.

Nous sommes un pays qui s'est construit autour de son État. C'est même un pays qui a été construit par son État, la monarchie d'abord, la République centralisée ensuite. L'État, comme une pyramide, et chaque élément qui forme la base est relié au sommet. Comme une armée. L'impulsion qui vient du centre et du haut est censée se retrouver à la périphérie et à la base. Était censée, en tout cas…

Or l'État, l'orgueilleux État français, s'est peu à peu étouffé comme un moteur s'étouffe quand la carburation est défectueuse, le mélange air-essence mal dosé. L'efficacité de l'État s'est dissoute en d'innombrables strates, en procédures labyrinthiques dont toutes ont eu leur justification sans doute, dont toutes ont été voulues de bonne foi pour répondre à telle ou telle pression de l'actualité ou de groupes particuliers, mais qui mises bout à bout forment un tissu si serré que l'action s'y trouve paralysée comme la mouche prise dans la toile de l'araignée.

Nous avons pensé et conçu, et voulu, un pays centralisé. En vérité, c'est le centre du pouvoir qui a conçu l'État qui devait le servir : il ne pouvait donc imaginer qu'un État centralisé !

La centralisation, partout dans le monde, et à toutes les époques a connu les mêmes dérives. Abus de pouvoir, bureaucratie, au bout du compte inefficacité. Tocqueville a montré admirablement que la centralisation de l'État après 1789 et 1793, que la centralisation de l'Empire napoléonien, et de la suite étaient déjà en germe, en germination avancée, dans l'État d'Ancien Régime. De même dans nos Républiques successives. Nous prétendons ne point être jacobins, mais c'est à Paris que tout se décide et que tant se fait, dans la vie publique comme dans la vie des affaires, et c'est comme ça depuis le XVIIIe siècle.

L'État centralisé, parce qu'il n'est jamais en prise directe avec le réel, produit de plus en plus de textes, de normes, de circulaires, d'instructions toutes comminatoires. Un grand nombre de ces injonctions se contredisent entre elles, rendant l'action impossible parce que non définie.

C'était le pays de la loi. Les révolutionnaires avaient même forgé cette définition : au lieu du royaume de France, mis à bas par la chute du roi, ils proposaient de le nommer *loyaume* de France, le règne de la loi. « Nous nommons royaume un pays régi souverainement par un roi ; le pays où la loi seule commande, je le nommerai loyaume » écrit le révolutionnaire et grammairien Domergue en 1791.

La maxime de ce royaume de légalité, c'est que « nul n'est censé ignorer la loi ». Lorsque la multiplication des textes devient telle que « nul ne peut plus connaître la loi », lorsque la rédaction en devient alambiquée faute de légistes à la langue claire, lorsque s'ajoutent à la loi des Himalaya de règlements, de circulaires, qui écrasent toute velléité d'action, alors l'effort humain s'y perd. Le découragement s'installe à tous les étages. Les bras se baissent. Chacun expédie son travail en conscience, mais il n'en voit jamais le fruit : il se décourage et ce n'est plus un État, ce n'est plus une Administration, c'est une bureaucratie. C'est-à-dire un univers dans lequel les règles édictées, les procédures exigées n'ont plus de rapport avec le but à atteindre, ne sont plus ordonnées par un sens commun. On ne les suit que pour elles-mêmes et parce qu'elles répondent à une obligation. Et qu'importe qu'elles se contredisent et se paralysent : c'est le règlement et le règlement, c'est le règlement.

Si j'écris la liste des maux français – crise de l'éducation, paralysie d'initiatives, peur d'embaucher, fiscalité excessive, progression des inégalités, démocratie en panne, presse confisquée, panne d'investissements, absence de perspectives européennes –, je trouve partout les mêmes virus : rupture de confiance à l'égard du citoyen, du professeur, de l'entrepreneur ; règles détournées au profit des puissants, des puissants de l'argent ou des puissants du système de pouvoir, et il arrive que ce soient les mêmes ; incompréhension de la réalité de la vie par le monde administratif agissant sur ordre ; inflation perpétuelle des procédures et des organisations chargées de les appliquer ; par conséquent, défiance à l'égard de l'avenir. Tout cela a à voir avec le déséquilibre de l'État, non pas avec l'État quand il est sur le terrain, mais avec l'État qui édicte, fait l'autoritaire, n'entend rien de ce que lui disent citoyens et usagers, et ne perçoit même plus leur découragement quand à bout de forces, ils se résignent au silence.

C'est la maladie des organismes qui ne peuvent plus respirer, quand l'oxygène ne passe plus et que le corps s'épuise, ne peut plus courir, ne peut plus chanter ni marcher et que toutes les fonctions se déglinguent l'une après l'autre.

L'élargissement de la confiance faite par l'État à la société est la condition nécessaire du réveil de notre pays.

Dans l'architecture de l'État, il est des manquements plus graves. Il est même des fautes, dont, dans une société vivante et libre, la sanction devrait être pénale, de graves fautes sur de grandes affaires. Mais la défiance de l'État à l'endroit du citoyen dans sa vie de tous les jours, est une atteinte qui paralyse quotidiennement à tous les moments de la vie, et pour tous les citoyens.

Renverser ce facteur de paralysie, imposer la confiance comme un mot d'ordre général, c'est la condition préalable, première, urgente, nécessaire, celle qu'on ne peut éluder.

Que l'État, l'État au sens large, qui comprend aussi les collectivités locales, et le système de santé, et les institutions de solidarité, soit organisé pour devenir un soutien et non une menace pour la société tout entière.

La société des citoyens, citoyens travailleurs, citoyens contribuables, citoyens assurés sociaux, citoyens entrepreneurs, citoyens employeurs, citoyens qui sont obligés d'arrondir leurs fins de mois en cherchant des compléments d'emploi, doit être comprise, soutenue et accompagnée, au lieu d'être perpétuellement mise en doute, de se voir opposer mille fins de non-recevoir, et d'être renvoyée de guichet en guichet, ou d'être enjointe de s'adresser à des standards, à des processus systématiquement informatisés ou numérisés, où ne se trouve plus de personne humaine à qui parler.

Et de la même manière, que l'État, l'État au sens le plus large qui unit toutes les administrations et tous les services, apprenne aussi à se faire confiance à lui-même, que les agents les plus proches du terrain se sentent compris, et incités à bouger et à inventer, et soutenus par les échelons supérieurs. Eux aussi ont besoin de confiance. Et ainsi au lieu de voir l'autorité comme verticale et perpétuellement supérieure, on en vienne à l'imaginer partagée et capable de remonter la chaîne de commandement pour que le réel irrigue jusque dans la consigne que s'apprête à donner l'autorité centrale.

Que le réel, et que le citoyen retrouvent droit de cité dans notre univers administratif !

Et ne pas imaginer que l'État seul relève de ce mal de la *prolifération administrative* dont nous souffrons tous !

Il est aussi nombre d'administrations qui ne relèvent pas des budgets publics et qui sont aussi impénétrables et impossibles à fléchir. Quand les usagers essaient d'entrer en contact avec les différents fournisseurs d'eau, d'électricité, de gaz, de télécoms, invariablement ils sont condamnés à se voir renvoyés de standard en standard, exaspérés de la musique d'attente, coupés au bout de vingt minutes, baladés de « conseillers » en « conseillers » le plus souvent lointains géographiquement et fonctionnellement ! Ils doivent composer leur numéro d'abonné (encore faut-il pouvoir le lire, avoir les bonnes lunettes, se repérer sur la facture…), affronter les mille questions formulées dans un vocabulaire pour initiés, s'arracher les cheveux en appuyant pour la dixième fois sur le 5 ou sur le 6 du standard automatique, qui serinera pour la dixième fois les mêmes consignes, et finira par vous couper de vos derniers espoirs.

Ce mal a été plutôt aggravé en tous ses échelons par le surgissement universel d'Internet : par exemple dans l'Administration la prolifération des e-mails, « répondre à tous » et « envoyer à tous » multiplie la charge de travail, ajoutant au découragement des agents déresponsabilisés et des usagers qui se sentent rejetés. L'initiative et la liberté qui va avec ne trouvent plus leur place. Et pas davantage la simple voix humaine…

Il importe au plus haut point de les rétablir pour rendre vivable la vie des citoyens et la vie de toutes les fonctions publiques. Je suis pour la restauration du contact direct, que partout et de partout on puisse parler à quelqu'un, quelqu'un qui écoute, qui peut résoudre directement un problème sans renvoyer le citoyen à de perpétuelles ténèbres extérieures.

Je suis pour l'initiative et le bon sens.

Le labyrinthe administratif est un dédale. Il m'est arrivé, ces derniers temps, d'avoir à batailler des mois pour défendre une jeune femme, née en France, repartie dans son pays d'origine avec ses parents à l'âge de 2 ans, revenue en France à 16 ans, mariée à un Français, mère de trois enfants français, tenant avec son mari le même salon de coiffure depuis plus de vingt ans sur la même place du même chef-lieu de canton, et à qui on refuse obstinément la nationalité française ! Je suis allé personnellement jusqu'à la direction compétente du ministère, à plusieurs reprises, jusqu'au préfet et au préfet de région ! Sans compter qu'évidemment le pays européen dont était originaire sa famille lui refuse aussi ses papiers – et comment en serait-il autrement ?

Je me suis battu pour l'une des membres de ma famille proche, née française, mariée à un Français, fonctionnaire française, enseignante émérite pendant toute sa carrière, mère de sept enfants français, élue dans un conseil municipal, et qui ne pouvait plus obtenir de carte d'identité parce qu'elle était née outre-mer !

Et que dire de nos compatriotes rapatriés d'Algérie à qui on fait l'humiliation perpétuelle, personnelle et historique, comme individus et comme communauté si profondément blessée de leur faire mille misères administratives pour obtenir les mêmes papiers qui sont les leurs depuis leur naissance ! Comme s'ils étaient des étrangers naturalisés !

Ce n'est qu'un exemple, qu'une tête d'épingle dans l'immense meule des tracasseries que personne ne règle, que personne ne simplifie : l'engagement solennel de réduire et de clarifier ce labyrinthe doit être le premier pas de notre résolution, en vertu du principe de confiance dont le rétablissement présidera au réveil de notre pays.

Ce n'est pas le seul problème, loin s'en faut, mais c'est la cause principale de l'asphyxie qui nous paralyse.

Il est bien d'autres visages de ce doute historique qui nous a saisis, comme nation, comme société, comme peuple. Il est des questions historiques, il est des questions géopolitiques, il est des questions démocratiques et morales. Toutes exigent que d'abord on y voie clair et qu'on ose nommer les causes de notre mal de vivre. C'est le sujet des pages qui vont suivre.

Ce n'est pas un sujet technocratique : aucune des questions posées, auxquelles je proposerai des réponses, n'est une question d'expert, de technique : ce sont des questions à hauteur d'homme, à hauteur de citoyen, de père ou de mère de famille. C'est pourquoi ce sont des questions qui relèvent simplement de l'engagement politique, celui qui peut bouger les montagnes.

UNE MÉTHODE

La lucidité sur nous-mêmes

Le redressement est d'abord une question de moral. Pour obtenir le moral nouveau dont le pays a besoin, il est une condition préalable.

Cette condition est exigeante mais elle est nécessaire. Il faut, et il suffit que nous acceptions cette idée : que nous sommes, nous-mêmes et personne d'autre, responsables de ce qui nous est arrivé, de ce que nous déplorons.

Comprendre que les difficultés, les problèmes, les insuffisances qui ont fait que nous nous sommes trouvés déclassés parmi les nations les plus développées, ces dérives ne viennent pas d'ailleurs, ni des autres. Elles viennent de nous-mêmes, de nos propres choix.

C'est un travers national que de chercher des coupables qui ne soient pas nous. Des suspects à mettre en accusation, dans la mondialisation, dans les pays voisins et concurrents. Ou boucs émissaires parmi nous, par exemple et de préférence les immigrés.

Je ne suis pas d'accord. De la situation dans laquelle nous nous trouvons, et des erreurs qui nous ont conduits à cette situation, il n'est aucun autre responsable que nous-mêmes. Et donc, les coupables ne sont pas à chercher du côté de la mondialisation, de l'Europe, de l'Allemagne, de la Chine ou de l'Amérique.

C'est pourtant ce qui est soutenu tous les jours dans d'innombrables ouvrages ou déclarations.

Là est la ligne de démarcation principale. Là est la frontière entre ceux qui, consciemment ou inconsciemment, nous égarent et ceux qui choisissent la lucidité qui seule permet le redressement.

C'est un changement déterminant : si nous voulons entrer dans les temps nouveaux, il nous faut reconnaître, sereinement et les yeux ouverts, que la plupart des difficultés et des insuffisances que nous subissons, nous les avons voulues. En tout cas acceptées, mais plus souvent directement voulues !

Nous, Français, portons en direct et sans excuse la responsabilité des faiblesses de la France.

Ce n'est la faute de personne, ni de la mondialisation, ni de l'Europe, si notre Éducation nationale est en capilotade.

Ce n'est la faute de personne si nous avons cultivé les déficits comme on cultive la marijuana ou le pavot.

Ce n'est la faute de personne si nous avons soigneusement bâti un labyrinthe de normes et de règles, de contrôles et de menaces de sanctions où s'étouffent la patience du citoyen, l'esprit d'entreprise et l'envie de créer.

Ce n'est la faute de personne si notre système de pouvoirs s'est abandonné à l'oligarchie et notre démocratie a renoncé à représenter équitablement les citoyens.

Ce n'est la faute de personne si la bureaucratie, ou plutôt devrait-on écrire les bureaucraties, ont pris le pas sur le service public, le service au public direct et proche.

Nous, citoyens français, sommes directement responsables, y compris même des travers des gouvernants successifs que nous mettons en accusation, surtout quand est venu le temps de leur déclin.

Nous sommes responsables de leurs insuffisances et de leurs dérives, puisque nous les avons choisis. Nous les avons choisis, donc nous les avons voulus. Nous, le peuple, ne pouvons donc pas éluder notre responsabilité.

Nous les avons voulus, et ce que nous leur reprochons, c'est bien souvent ce que le peuple français a préféré chez eux. Même leur cynisme parfois.

Constater que les problèmes, les difficultés, les errements ne viennent pas d'ailleurs, mais de nous-mêmes, de nos choix, de notre volonté, de notre majorité, c'est le premier pas vers une conscience nouvelle. C'est le premier pas vers le redressement.

Chercher le cœur de cible

Dans le travail de reconstruction, mon sentiment est que les choses sont plus simples qu'on ne croit et que c'est faute de simplicité que nous échouons. Faute d'une démarche volontaire qui conduise d'un juste diagnostic à une action ciblée sur l'essentiel.

Je suis décidé à simplifier ce qui est (trop) complexe. Il est un dévoiement contemporain d'empêcher le débat civique, en le détournant vers des exposés de soi-disant expertise, de manière à empêcher le citoyen de penser clairement.

Charles Pasqua, qui s'y connaissait, disait que lorsqu'on était rattrapé par une affaire embêtante, il suffisait de créer une autre affaire dans l'affaire, puis une troisième dans la deuxième, et que dès lors personne n'y comprenant plus rien, les embêtements les plus graves se trouvaient détournés.

La recette marche aussi pour le débat public.

Quand on ne veut pas que les peuples comprennent, il suffit de compliquer le débat. Et le perpétuel recours à de prétendues expertises est le meilleur moyen d'y parvenir.

Il y a une malédiction de l'approche par les experts, de la méthode technocratique. Comme s'il était interdit d'aller droit au but, de penser clair et simple. Or seule cette clarté est mobilisatrice.

Je m'inscris donc dans le débat civique tel que je le crois légitime.

De Gaulle dans ses Mémoires a eu cette phrase devenue fameuse et qui méritait de l'être : « Vers l'Orient compliqué, je volais avec des idées simples. »

J'ai une certitude : c'est que la plupart des problèmes que nous avons à affronter méritent le même effort : que l'on vole vers eux avec des idées simples. Non pas des idées simplistes, réductrices. Mais des idées simples, celles qui se portent directement au cœur des problèmes, qui déverrouillent la complexité des choses pour en changer le cours.

Les programmes politiques pensent en « mesures », en énumérations de décisions annoncées, sans lien réel, sans organisation compréhensible. La mobilisation s'y perd.

Je pense au contraire qu'il est une autre manière d'entraîner un peuple. C'est de partager avec lui, non pas les programmes détaillés, prétendument mis au point par des groupes d'experts tous issus du même moule de la haute fonction publique, qui confondent gouverner et administrer, mais partager une volonté et une vision. Sûrement pas limitée à des platitudes et de vagues « brouillardages », ce mot que je forge à partir de « brouillard » et de « bavardages », les deux sources du discours politique oiseux.

Ma démarche, du moins celle que je voudrais suivre, est tout autre. Je veux que la flèche aille au but, sur chacun des grands sujets qui font l'avenir d'un peuple comme le nôtre, au moment qui est le nôtre. Je veux que la flèche aille au centre de la cible, du moins tels que je vois la cible et son centre.

C'est l'essentiel qu'il faut viser, et pas l'accessoire, ni le secondaire, la cause de la dégradation et non la conséquence, c'est à l'essentiel qu'il faut s'appliquer et c'est l'essentiel qu'il faut changer.

Lorsque de Gaulle concentre ses efforts à la fin des années 1930 sur le programme militaire de la France, il isole une question clé : la force blindée, la force mécanique, les chars et les avions, où il affirme que se jouera le sort de la guerre qui vient. Y avait-il d'autres problèmes pour l'armée française ? Sans aucun doute ! Je n'ai pas besoin de plonger dans les archives pour imaginer que nous devions avoir bien d'autres sujets sensibles, l'armement, des problèmes de munitions, des questions stratégiques autour de cette ligne de forteresses qui portait le nom de Maginot, bien des débats tactiques.

Mais la véritable stratégie, c'est d'abord d'isoler le point clé, celui dont tout dépendra, de ne pas se perdre dans le pointillisme, dans les détails pour spécialistes, pour initiés. La suite prouva hélas que ce colonel incommode avait raison, et la France pour ne pas avoir compris où était la question cruciale paya le prix le plus fort qu'elle eut jamais à payer dans son histoire.

Et à partir de 1958, il y avait trois questions : la première était la question de la décolonisation que le fondateur de la Ve République aborda de biais, mais qu'il traita de manière décisive en émancipant l'Algérie, non sans dureté à l'égard de ceux qui lui avaient fait confiance, et qui avaient fait confiance à ce qu'on leur avait dit de la France et de sa grandeur.

La deuxième question était la stabilité de notre économie, condition de son plein épanouissement, que de Gaulle traita en se concentrant sur une question en apparence symbolique, mais en réalité psychologiquement cruciale qui était la question de la monnaie. La création du nouveau franc, qui valait désormais cent fois plus que ce que valait l'ancien franc si souvent dévalué, y compris par le nouveau régime. Théoriquement pour un économiste, cette unité nouvelle était sans grande signification : on changeait seulement le nombre de zéros, sans changer la monnaie, et pourtant cela eut valeur de signal de rénovation pour le pays.

La troisième question était celle des institutions, du régime inadapté où s'épuisaient les forces de la nation.

Quand il eut traité ces trois questions, le visage du pays se trouva, en peu de temps, décisivement changé.

Les temps et les hommes ne sont pas en 2016 à la même échelle que la grande figure du XXe siècle français, mais l'exemple des grands devrait valoir pour tous.

Prenant tour à tour les problèmes majeurs de notre pays et de notre temps, en tout cas tels que je les perçois, je veux pratiquer la même méthode : isoler dans le foisonnement du réel, dans le labyrinthe des insuffisances et des polémiques la question centrale du sujet, ce qui fait que tout bloque et que tout déraille.

Et c'est là, au centre de la cible, que je proposerai de faire porter notre action. « Donnez-moi un point d'appui, disait notre camarade Archimède, et je soulèverai le monde ! » Lorsqu'une vision politique est centrée, alors tout s'ordonne et s'organise autour d'elle.

Le plus difficile est de voir juste. Il y faut un peu d'intuition, un peu d'expérience, le sens des causes et des conséquences, car ce qu'ignorent les politiques inconséquents c'est que les conséquences ont des causes. C'est Bossuet qui l'a le mieux écrit : « Dieu se rit des prières qu'on lui fait pour détourner des malheurs publics quand on ne s'oppose pas à ce qui se fait pour les attirer. Que dis-je ? Quand on l'approuve et qu'on y souscrit[1]... » Trois siècles et demi après, pas mieux, comme on dit dans les jeux télévisés : tu veux changer les conséquences, alors tu dois accepter de t'attaquer aux causes !

Puis-je ajouter qu'il y faut aussi un certain goût du risque. Ce n'est pas le plus facile. Mais c'est nécessaire car un tel exercice oblige à s'écarter plus souvent qu'on ne s'y attendrait de l'opinion commune, de la pensée unique la plus pernicieuse : celle de l'unanimité de l'orchestre des techniciens. Les techniciens sont nécessaires. Mais si les techniciens avaient la clé des choses, eux qui sont si nombreux et si haut placés dans les plus diverses responsabilités, que tout marcherait bien !

On l'aura compris : il me semble qu'il y a trop de techniciens qui donnent l'impression de tous penser la même chose, en tout cas qui emploient les mêmes mots pour la traduire, et pas assez de politiques, dotés d'une pensée personnelle, originale et clairvoyante sur les choses et sur les gens.

Leurs discours se ressemblent tous, écrits par la même plume, ou en tout cas le même modèle de plumes, sorties du même moule, avec le même gabarit. On en a entendu un, on les a tous entendus.

Or les temps ont un infini besoin d'authentique, d'affirmations personnelles et assumées, de lucidité, de brut de décoffrage.

Voilà pourquoi, sans essayer de faire le tour de toutes les questions, j'irai au plus pressé, au plus crucial,

1. *Histoire des variations des Églises protestantes,* 1688.

persuadé que le reste suivra et se mettra en place naturellement.

Car la vie d'une société est globale, elle fait système, au sens du système solaire, c'est-à-dire qu'on ne peut toucher un élément sans avoir des effets sur les autres, et si l'on ne sait pas ce qu'on fait, et si on ne sait pas le dire, alors le chaos s'installe.

Cette pensée « systémique » est précieuse en politique, comme elle l'est en médecine. Il s'agit de trouver l'élément crucial qui induit le mal-être qui nous enserre. Exactement comme dans le scorbut des navigateurs, nous l'apprenions à l'école primaire, qui dépendait d'une simple carence en vitamine C. Et dès l'instant que la cause fut identifiée, l'élément crucial une fois cerné, les agrumes et la choucroute riches en vitamine C mis au menu de l'alimentation du grand large, tous les marins de toutes les flottes guérirent !

Je vais donc essayer sur chacun des problèmes de notre temps, l'un après l'autre, de repérer ce qui est à mes yeux l'élément, le primo-élément, de l'échec à conjurer.

On comprendra que c'est un pari osé. Mais ce sont, en la matière, les seuls qui vaillent.

Le peuple partenaire du pouvoir

On ne gouverne pas seul. On gouverne à deux : dirigeants et peuple. Au moins à deux. Parfois, les étages de gouvernement sont plus nombreux encore, dirigeants exécutifs, élus, corps intermédiaires, innombrables institutions et collectivités, peuple enfin.

Mais on vérifiera, tout au long de l'histoire, que le peuple est le partenaire majeur de l'art de gouverner.

Il y eut bien sûr des périodes où des régimes autoritaires et dictatoriaux, quelle que soit leur forme, soumettaient le peuple et ne lui laissaient d'autre choix que d'obéir. Chez nous, en Occident, la page s'est tournée, heureusement, sur cette domination !

Il y eut sans doute des périodes où l'on pouvait croire que la démocratie représentative permettait de se passer de l'assentiment populaire. Il y avait des représentants élus, à qui l'on déléguait pour un temps donné, quatre ans, cinq ans, six ans, la capacité de délibérer en lieu et place de ceux qui les avaient choisis.

Ces temps aussi sont révolus, et l'on n'y peut rien. Et c'est tant mieux !

Spécialement en ces temps de démocratie médiatique, ce mode de direction politique confisquée, est désormais hors de saison.

Le peuple citoyen, puisqu'on invoque sa légitimité, n'est pas, n'est plus, un soliveau. Il n'est pas là, il n'est plus là pour assister passif au ballet des puissants qui décident en son nom.

Il considère qu'il a son mot à dire, en tout cas que sa voix ne peut pas être étouffée lorsque ce qu'il a à exprimer est décisif.

Le temps n'est plus, et c'est heureux, où l'on pouvait entretenir la fiction que les compétents étaient en haut et les incompétents en bas. En vérité, sur bien des sujets, la compétence désormais est en bas, et une relative incompétence en haut. Mauvais temps pour les technocrates et les experts, vient le beau temps de l'expérience de terrain.

Les chefs d'entreprise en savent bien davantage sur l'entreprise que les inspecteurs des Finances. Les profs de terrain en savent davantage que la commission en charge de l'Éducation nationale à l'Assemblée nationale ou au Sénat. Les médecins s'épuisent à lutter contre la technostructure du ministère. Les policiers, les magistrats, les infirmières, les universitaires, les chercheurs, les artisans, tous ont la pratique, et tous ont à leur disposition l'ensemble si riche des réflexions et des contributions issues de proches et de collègues qui circulent sur Internet.

Je ne dis pas qu'ils ont toujours raison, j'affirme seulement que quiconque déciderait de gouverner malgré la société, ou contre elle, serait rapidement mis en échec.

Et il y a un discernement dans la société : en fait, quand elle se mobilise contre un projet, c'est en fixant elle-même et mystérieusement le degré de sa mobilisation sur l'échelle de Richter de son indignation.

Si le projet ne lui apparaît pas trop grave, comme ce fut le cas dans la loi dite « Travail », l'indignation s'exprime mais va decrescendo. Si le projet est massivement rejeté, il ne passera pas la barre des manifestations, il créera une impopularité chronique, le gouvernement se trouvera empêché d'agir, sur ce texte comme sur tous les autres, et voudrait-il rechercher l'ordalie du référendum, il se trouverait brutalement désavoué.

J'affirme que dans les pays démocratiques, ceux qui ont renoncé à la contrainte de la prison, du camp de travail ou de la liquidation, rien ne peut se faire qui heurte violemment le sentiment populaire.

Et qui, par imitation du passé, donnera en exemple à suivre l'autoritarisme de certains gouvernements, imposant leurs avis aux peuples, se trompera gravement.

La mobilisation populaire est une arme puissante, à la fois de dissuasion et d'intervention. Lorsqu'elle n'est pas respectée, ni écoutée, se crée une sorte d'empoisonnement chronique, qui à bas bruit, affaiblit l'organisme démocratique.

On en a connu un exemple hautement toxique quand le « non » au référendum sur la Constitution européenne fut traité par-dessus la jambe, et qu'en catimini on décida d'imposer l'adoption du traité de Lisbonne qui en était la copie. La défiance sourde née de cette désinvolture n'a cessé de cheminer dans la démocratie française. Elle a corrodé la légitimité qui devrait être la colonne vertébrale des pouvoirs. Ah ! ils se sont crus malins, ni vus ni connus, de court-circuiter la décision populaire. Ils y ont perdu gros. À dater de cet instant, la confiance que les institutions ont le devoir de créer entre les gouvernants et le peuple, cette confiance a cédé la place à une défiance toujours croissante.

C'est pourquoi je ne crois pas, je n'ai jamais cru et je crois moins que jamais à la « réforme » imposée à la schlague. Les télévisions d'information en continu, la puissance des réseaux sociaux, l'omniprésence d'Internet, tout cela ruine à l'avance la croyance naïve dont les candidats sont si prodigues : « Nous l'imposerons parce que nous aurons tout dit avant pour tout faire après ! » Cette phrase était déjà un mantra de Nicolas Sarkozy en 2007. On a vu ce qu'on a vu, c'est-à-dire pas grand-chose. Et François Hollande a rencontré les mêmes écueils. Il avait promis la renégociation du traité européen, les 75 % d'impôts sur le revenu pour les plus favorisés, et en cours de route la déchéance de nationalité pour plaire à la droite. Tout cela, le réel et l'opinion l'ont ramené au rang des promesses illusoires.

Et d'avoir la majorité parlementaire n'y change rien. Ce n'est pas dans les Assemblées que les majorités se décident, c'est dans le sentiment populaire, au fil des sondages et des émissions de télévision.

Qui voudra contraindre, même s'il fait le matamore, perdra à coup sûr.

Seul peut faire bouger le pays celui qui décide de convaincre. Et non pas seulement de convaincre le jour des élections ou pendant la campagne qui prépare le scrutin, mais de convaincre jour après jour, de créer avec le peuple citoyen une osmose, une confiance, une compréhension tout à la fois pédagogique et civique. C'est ainsi que les temps nouveaux exigent qu'on croie à ce qu'on marmonne comme une litanie, dans le texte même de notre Constitution : « gouvernement du peuple, par le peuple, pour le peuple ». Nous serons forcés d'y venir.

Cela impose de ne faire que des promesses mesurées. Et d'abord parce que le peuple citoyen ne vote pas pour des promesses, comme le croient les naïfs, ou en tout cas, il vote beaucoup moins pour les promesses que les candidats ne le croient ! Le peuple citoyen vote, en tout cas à l'élection présidentielle, pour des visages et des personnalités, pour des femmes et des hommes, pour des personnes avec leur caractère, la sympathie qu'ils dégagent, l'énergie que l'on sent en eux.

Internet a fait naître une réflexion nouvelle sur la place du peuple des citoyens dans le pouvoir. On peut imaginer, dans les années qui viennent, qu'un certain nombre de décisions soient préparées par des débats en ligne, dont des animateurs de confiance rendraient compte auprès des citoyens, et auprès des pouvoirs décisionnels.

Je suis réservé face à l'idée d'une démocratie spontanée, conduite par des citoyens tirés au sort. Mais je crois à la richesse des échanges, à la légitimité des citoyens qui réfléchissent. L'Islande s'est lancée dans une entreprise prometteuse pour réécrire sa Constitution. D'abord une Assemblée populaire, puis un secrétariat permanent, chargé de soumettre par Internet aux citoyens intéressés les ébauches successives des textes, et de rendre compte des propositions alternatives. Au terme du processus, le texte de la nouvelle Constitution a été adopté par près des trois quarts des suffrages, mais le Parlement a torpillé le projet.

Il demeure que ce type de processus de décision, ou en tout cas de préparation de la décision, peut s'articuler avec de meilleures institutions, avec des gouvernants de caractère, moins attachés à leur fonction et à leurs avantages qu'à l'idée de faire partager leurs raisons et leurs convictions au peuple citoyen. Au peuple concitoyen.

La loi bien préparée, adoptée sans manœuvres de retardement, doit être ensuite évaluée au bout d'un temps raisonnable, et si elle se révèle néfaste, changée sans hésitation.

Je crois que la France, réputée être le pays de l'État impérieux, a tout à gagner à réfléchir et à expérimenter la participation nouvelle des citoyens au débat, à la préparation de la loi, au fonctionnement de l'État.

La réforme progressive

Je plaide contre l'illusion de la brutalité dans l'exercice du pouvoir, contre le mythe du grand soir, et au contraire pour des changements décisifs mais progressifs, préparés et expliqués. L'exaltation de la brutalité, c'est le refrain des campagnes électorales, c'est le temps des promesses pour flatter le badaud. Mais lorsque vient le temps de l'action, c'est un handicap insurmontable.

Je plaide surtout pour élargir les marges de liberté, de créativité, d'initiative qui sont sources d'abondance dans la société, et que l'organisation de l'État en France s'ingénie à brider.

Car derrière la méthode de la réforme progressive, il y a une conception du peuple, des femmes et des hommes qui sont l'un des deux pôles de l'exercice du pouvoir en démocratie.

Ils n'ont pas donné de chèque en blanc le jour où ils ont voté. Ce n'est pas parce qu'ils ont glissé un bulletin dans l'urne qu'ils ont abandonné leur jugement à venir. Ils ne se sont pas amputés en votant de leur responsabilité de citoyen. Ils ne l'ont pas mise entre parenthèses comme on le croyait autrefois, où l'on n'hésitait pas à dire ouvertement : vous nous avez élus, vous nous avez donné la légitimité, rendez-vous dans cinq ans, vous nous jugerez alors ! Cela, c'était un autre temps. C'était le temps de la presse écrite, des journaux mis à la poste, du député qui venait visiter sa circonscription une fois par trimestre. C'était l'époque où l'on faisait croire que les décideurs étaient entourés de compétents, formés dans les écoles adéquates, et de savants qui savaient. Les yeux se sont dessillés. Il y a bien plus à attendre de l'échange continu entre les dirigeants qui proposent et le pays qu'ils doivent entraîner. Et ce n'est pas grave de consacrer trois ou six mois à convaincre !

Cette volonté de tenir compte des citoyens, de leur expérience professionnelle, autrement dit de les prendre au sérieux, prémunit contre les ruptures et les rejets et enrichit les décideurs.

Ce n'est plus un peuple qu'on doit commander ! C'est un peuple qui revendique son droit de participer aux choix de son avenir.

Cela exige des dirigeants et principalement du premier d'entre eux une capacité de traduire dans la langue vivante et simple de la vie, les décisions abstraites que la horde technocratique préfère tenir dans l'ombre.

Certains pensent que le peuple doit d'abord être séduit, et ensuite que moins il en saura, mieux ce sera.

C'est pour cela qu'ils ont inventé la communication, industrie de la séduction et art du détournement de l'attention : portée à son plus haut degré, ils ont transformé en industrie contemporaine l'habileté des sophistes qui dans la Grèce antique faisaient profession de coincer leurs contradicteurs par l'argumentation, quelle que soit la cause. Fût-elle mauvaise. De préférence mauvaise !

Je plaide en particulier pour un Président ou une Présidente en prise directe avec le peuple des citoyens, s'exprimant, parlant de l'essentiel, avec des mots compréhensibles par tous, et si possible, pourquoi pas, avec une belle langue.

La reconnaissance est la question principale de notre temps, la reconnaissance au travail, la reconnaissance de la différence, et même de l'oubli de la différence. La reconnaissance du peuple n'est pas moins importante : elle est le ressort même de la démocratie présente et de la démocratie de tous les temps. Marc Sangnier disait que le but de la démocratie était de « porter à leur plus haut la conscience et la responsabilité du citoyen ». La conscience et la responsabilité ne sont pas à éclipse. Elles ne s'expriment pas en une date électorale pour disparaître ensuite pendant cinq ans. La conscience ne se délègue pas, et la responsabilité non plus.

Dans la vie civique que les citoyens vont exiger et les temps imposer, conscience et responsabilité seront de tous les jours, et c'est avec elles, en les prenant en considération, qu'ils le veuillent ou non, que les gouvernants devront gouverner.

J'appelle à sortir de l'obsession de tout casser pour tout reconstruire qui saisit le discours politique à l'approche de chaque nouvelle échéance. Tout cela est rodomontade et pur fantasme, mais si par hasard on s'y livrait créerait un chaos dont le pays, son cadre de vie et son âme immortelle, ne se relèveraient pas.

Il est crucial de comprendre que le gouvernement des peuples ne peut pas se conduire dans le reniement continu des grands choix successifs qui ont fait de ces peuples ce qu'ils sont.

Ceux qui se délectent des annonces de grand soir et de rupture perpétuelle, ceux-là ne comprennent pas que c'est long à construire un pays. Vite fait de le casser, mais si long à remettre debout. Ils ne comprennent pas qu'il est indispensable de convaincre pour entraîner, convaincre au long cours, partager les raisons de l'action qu'on propose, infatigablement expliquer pour conduire. Que cela est indispensable, et que cela est respectueux. Respectueux, efficace, juste et beau.

Je sais bien que régulièrement, plus ou moins, on nous vend le retour de Thatcher. Mais qu'on veuille bien se souvenir que Margaret Thatcher, c'était il y a trente ans, que les médias n'étaient pas ce qu'ils sont aujourd'hui et qu'en particulier Internet n'existait pas, avec sa double capacité d'information et de mobilisation instantanées.

J'affirme qu'aujourd'hui aucun gouvernement dans le monde ne pourrait laisser mourir froidement des militants irlandais en grève de la faim. Et franchement, qu'on m'entende bien, pour moi cela n'est pas une faiblesse, c'est un progrès.

Cette indifférence implacable, ce n'est pas ce que je souhaiterais pour mon pays et pour le pays de mes enfants !

Ajoutons que l'Angleterre, traditionnellement et plus que nous ne le sommes, c'est un pays de classes sociales imperméables. L'éducation ne mélange pas, la vie ne mélange pas. Chacun chez soi, chacun dans sa classe. On est formé dans l'enseignement ultra-privé, ultra-onéreux, qu'ironiquement on nomme *public schools,* dès l'instant qu'on appartient aux classes dirigeantes ou qui aspirent à le devenir. Entre soi.

Les communautés d'origine, ethniques ou religieuses, sont non seulement acceptées mais encouragées.

L'individualisme, sous toutes ses formes, et le communautarisme, sous toutes ses formes, telle est la culture nationale pour de grands pans de la société britannique.

Nous, la France, depuis la Révolution (et tout ne fut pas idéal dans la Révolution), nous, c'est juste le contraire !

Nous sommes unitaires, unitaristes, je ne sais pas comment le dire, fans d'unité nationale, nostalgiques du temps où l'enseignement public nous réunissait et nous donnait notre chance. Nostalgiques à juste titre.

Nous sommes égalitaires, égalitaristes. Nous voulons être, non pas tous pareils (c'est ceux qui n'aiment pas notre histoire qui nous caricaturent ainsi), mais pareillement respectés. Nous n'aimons pas la consécration de la loi du plus fort !

Cette adhésion, ce souci de la place de chacun dans la société, cette lutte contre l'indifférence et la ségrégation, pour moi, cela fonde un pays. Et ce pays, pour cette raison, pour la qualité de cet idéal, est digne d'être estimé, d'être défendu. Ce n'est pas un pays indifférent en un temps où le monde meurt d'indifférence, crève du chacun-pour-soi.

Un pays qui repose sur un contrat social implicite, le fort solidaire avec le faible en attendant que les enfants du faible soient solidaires un jour avec les enfants du fort, ce pays est grand.

L'UNITÉ

L'unité est un besoin vital de la France.

Toute son histoire et toutes ses valeurs exigent qu'on préserve cette unité et qu'on la défende dans l'avenir.

Mais l'évolution du monde rend cette unité précaire. La société vers laquelle on voudrait nous entraîner, c'est celle du chacun-pour-soi. C'est la société des communautarismes et des inégalités galopantes.

C'est pourquoi le combat pour l'unité du pays exige une volonté de tous les instants. Cette volonté d'unité doit nous pousser à reconstruire notre démocratie, à reconsidérer l'organisation de l'information, la pratique présidentielle. L'unité, c'est aussi la défense d'un modèle social et civique.

Un projet national unique

Nous sommes une part vivante d'un pays vivant et dont les racines cependant plongent loin dans le passé. C'est une question d'enracinement. Les êtres humains ne sont pas très différents des arbres tant ils dépendent de leurs racines, tant ils ont du mal à surmonter les transplantations, particulièrement les transplantations subies, et tant ils sont dépendants d'une interaction avec le sol où ils grandissent.

Ce passé vivant, c'est cela qui est étrange, n'est pas un passé personnel. Il est le même pour nous, que nous soyons de vieille souche berrichonne ou de vieille souche berbère. D'où que nous venions, la France s'incorpore à nous, ou nous incorpore en elle.

C'est cela qui n'a cessé de me frapper au long des années pendant lesquelles le sort de mon pays a été mon principal sujet de préoccupation : la présence ignorée mais puissante du passé de notre pays dans son présent, du passé ignoré de tous, dans la conscience de chacun.

C'est pour cela que, sans être historien, j'ai si souvent écrit sur l'histoire.

L'idée nationale est irréductible en France. Et si l'on ne part pas de cette certitude, on fait un contresens sur la conscience politique de notre pays.

Et bien sûr, c'est le sens du si décrié « nos ancêtres les Gaulois » dont on dit qu'il commençait autrefois, sous la IIIe République, les cours d'histoire de l'école primaire.

L'institution et les instituteurs ne voulaient pas dire que chacun, individuellement, comme lignée familiale, remontait aux Celtes gaulois. Ils savaient tout, l'institution et les instituteurs, aussi bien et parfois mieux que nous, de nos origines, du Nord et du Sud, des descendances et des ascendances, des Provençaux issus des colonisations grecques et romaines et des razzias ligures, des Basques à rattacher à des peuplements pré-indo-européens, des Aquitains et des Béarnais wisigoths.

Ils voulaient seulement signifier que nous formions, comme nation, comme famille, une communauté dont l'histoire avait débuté bien avant la conquête romaine. Et donc une histoire gauloise. Une histoire marquée, qu'on en soit sûr ou pas, par ce Vercingétorix qui avant Alésia tenta de fédérer les peuplades gauloises, en une résistance.

Était-ce naïf ? Moins qu'on ne le croit. Ce n'était pas une affirmation génétique. Il s'agissait de cerner l'intuition historique qui de peuplades dispersées tenta pour la première fois, face à l'Empire, de faire un peuple porté, fabriqué, confectionné, tissé, forgé d'une volonté. D'une volonté politique.

Car c'est bien ainsi que s'est formé ce peuple-là parmi les peuples, cette nation parmi les nations.

Un effort continu et discontinu, continu bien que discontinu, un puissant courant sous-jacent, sous les tourbillons et les jaillissements de la surface, un puissant courant pour faire naître un peuple, ayant une histoire, et sachant, même inconsciemment, où il va : vers de l'indépendance et vers de la liberté. Et l'ordre lui-même – il faut bien de l'ordre pour faire un peuple – a pour vocation de servir cette liberté et cette indépendance.

Autrement dit, et il faut bien saisir le profond de cette mystérieuse affaire, un peuple qui ne se définit pas par l'origine, un peuple qui se définit par des valeurs.

Et donc, par voie de conséquence, un peuple qui est malheureux dès qu'on le contraint à oublier les valeurs qui l'ont fait naître et vivre, et se projeter vers l'avenir.

Un peuple qui se définit, non pas seulement par ses intérêts, mais par un idéal.

Non pas un idéal qui brille tous les jours de mille feux. Ce n'est pas tous les jours feu d'artifice. Ce n'est pas tous les jours le 14 Juillet. Parfois l'idéal se ternit quelque peu, bien sûr. On ne fait pas le lever des couleurs et rouler le tambour tous les matins. Mais pour vivre, on a besoin de la présence de cet idéal. Notamment, pour vivre, on a besoin qu'il existe pour nous orienter, comme peuple, comme unité.

Et quand cette conscience s'efface, pas seulement quand on a tout oublié, mais quand on ne se souvient même plus qu'il était quelque chose que nous avons oublié, alors nous sommes tourmentés de cette absence.

C'est alors que le manque devient névrose.

*

C'est le projet national français, notre projet national. Il vient de loin et la Révolution l'a gravé dans la sensibilité et la mémoire profonde du pays.

Ce projet, on l'entend dès le premier couplet de *La Marseillaise* !

Contre nous de la tyrannie,
L'étendard sanglant est levé !

Contre nous de la tyranni-eu, chantent à pleine voix les chœurs de l'armée et les enfants des écoles quand on leur enseigne l'hymne national. Et se dévoile la rime à *Allons enfants de la patrie !* Patrie-eu…

Ils le chantent aux monuments aux Morts, et plus tard dans les stades ou dans les commémorations, particulièrement dans les commémorations des attentats, et on sait, à ce moment, sans l'ombre d'un doute, où sont les tyrannies et de quel sang sont baignés leurs étendards.

C'est de toutes les tyrannies que la France se déclare ennemie.

La tyrannie ? C'est-à-dire la prise de contrôle par une puissance extérieure au peuple, de son présent et de son avenir. De notre présent et de notre avenir. Une puissance par la naissance, une puissance par la force, une puissance par l'argent.

C'est l'allergie française. Une allergie qui n'est pas épidermique seulement, qui est profonde, et fondée, et qui nous forme. Qui nous fait ce que nous sommes.

Nous n'acceptons, de fondation, en tout cas de notre plus récente fondation, la refondation de 1789, nous n'acceptons aucune prise de contrôle qui ne puisse se justifier par la légitimité du peuple souverain.

Ce parti pris indomptable est là, constamment, comme une obsession, comme un signe distinctif. Nous n'acceptons pas que qui que ce soit décide sans notre assentiment de ce que nous devons être et de ce que nous devons faire.

Les juristes connaissent l'*habeas corpus*. C'est le droit fondamental, inaliénable, reconnu à chaque citoyen de garder le contrôle de sa personne, c'est-à-dire de ne jamais pouvoir être emprisonné sans jugement, sans en connaître la raison, sans jugement prononcé par un juge[1].

Il y a aussi un *habeas corpus* pour les nations, et particulièrement pour la France. C'est un pays qui, plus que d'autres, plus que les autres, veut être maître de lui-même. Il est jaloux de son libre arbitre. Il a résisté au pape quand la puissance c'était le pape. Il a résisté aux empereurs voisins. Il a résisté aux guerres nationales, puis au totalitarisme. La force brute n'a pas eu raison de lui et il résiste aux autres puissances.

Bien ou mal, il résiste. Vaillamment ou tant bien que mal. Plusieurs fois, il a failli céder, particulièrement sous l'Occupation et la tentation de la collaboration. Toujours, il s'est repris.

Toujours, il a retrouvé ce chemin : la réappropriation de son propre destin, l'autonomie de jugement, le chemin de la liberté. Le chemin du peuple, face à la tyrannie. Au sens propre, le chemin de la démocratie.

*

C'est cela qui explique un de nos traits nationaux : la résistance de la France face à la tyrannie de l'argent.

Bien sûr, nous ne sommes pas de purs esprits. Nous avons le réalisme des pères ou des mères de famille.

1. *Habeas corpus* : littéralement « que tu sois maître de ta personne ». Ce droit de résister à l'arbitraire a été reconnu aux peuples, prétendent les historiens depuis 1679, depuis l'*habeas corpus act*, donné aux Anglais par le roi Charles II. Comme il arrive quelquefois, les historiens se trompent. Car le premier *habeas corpus* figure dans la première Constitution écrite de l'ère moderne, les *fors*, qui fixent les libertés et les droits du pays de Béarn, bien des siècles auparavant, à partir des XIe et XIIe siècles.

Nous savons bien que de l'argent, il en faut. Et même la plupart d'entre nous vérifient chaque mois (spécialement quand s'approche la fin du mois) qu'on en a plutôt pas assez que suffisamment. Bien sûr nous savons ce que coûtent les enfants à élever, surtout quand ils deviennent grands et quand ils vont faire des études dans une autre ville.

Nous le vérifions tous, individuellement et collectivement. Collectivement aussi. C'est vrai quand nous pensons à notre foyer, et c'est vrai quand nous pensons à notre pays. Si nous disposions de davantage de moyens, nous en ferions des choses… ! Et des choses utiles, des équipements collectifs, de la solidarité, de l'investissement dans l'éducation ou dans la santé.

Dans le foyer, comme dans la nation, nous sommes obligés de faire au mieux avec ce dont nous pouvons disposer. C'est de la gestion, comme on dit, « de père de famille ».

Nous sommes un peuple entier qui sait ce que c'est, individuellement, pour son compte personnel, de veiller à l'équilibre des comptes. Et c'est pourquoi nous devrions à bon droit reprocher aux gouvernants éphémères d'avoir oublié, une fois à la barre du pays, en acceptant les déficits perpétuels ce qu'ils savent éviter, dans la plupart des cas, pour leur propre compte, pour leur compte personnel, de famille et de foyer.

C'est une bien grave trahison d'avoir pour tout un pays laissé dériver les comptes, alors qu'on tient si précisément à l'équilibre chez soi.

Et que personne ne vienne dire qu'on ne savait pas. J'en ai fait un thème de combat, avec d'autres, pendant des années. Une mise en garde sur les conséquences arithmétiques, mécaniques, de cette dette croissante sur l'équilibre et sur l'indépendance du pays. Tout cela, ceux qui voulaient savoir le savaient depuis le tout début du nouveau siècle, depuis la fin des années 1990.

Un minime effort à cette époque aurait rectifié la trajectoire. Nous étions à ce moment nettement mieux placés que l'Allemagne ne l'était. Nous étions en avance. Tout le monde, et l'Allemagne en premier, nous regardait comme le pays en bonne santé. Et tout le monde regardait l'Allemagne comme « l'homme malade de l'Europe ». Et les Allemands en premier.

Mais eux ont fait ce qu'il fallait. Et nous ne l'avons pas fait. Voilà toute l'histoire de ces quinze premières années du XXIe siècle en Europe occidentale.

Aujourd'hui, les choses sont devenues bien plus difficiles…

C'est dire que nous savons bien ce que c'est que l'argent, et combien il est nécessaire dans une vie d'homme, de famille, de pays.

Et nous avons tout autant besoin des hommes qui connaissent bien le monde de l'argent, qui savent comment le maîtriser, qui en connaissent les techniques, les techniques du côté industriel, bancaire, commercial, agricole. Les techniques de l'industrie de l'argent, la banque et les marchés, comme on dit, pour tout dire et ne rien dire.

Bien sûr, nous sommes soucieux de conserver en France les centres de décision économique. Quel imbécile pourrait déclarer qu'il s'en moque ? On fait plus attention à prendre des décisions positives pour le pays où l'on habite que pour le pays où l'on n'habite pas. Et les retombées d'une entreprise qui gagne de l'argent sont bienfaisantes, bien sûr, pour la collectivité qui l'abrite.

Mais tout cela, c'est l'argent comme moyen. Ce n'est pas l'argent comme fin en soi. C'est l'argent qui nous sert, ce n'est pas l'argent qui nous commande. L'argent qui sert le pays, ses femmes et ses hommes, ses enfants, et pas l'argent qui commanderait le pays, et ceux qui tous ensemble le composent et le font vivre.

Or peu à peu ce qui cherche à s'imposer, c'est l'argent qui commande. L'argent qui cherche à s'introduire, non pas comme serviteur, mais comme maître, dans toutes les activités humaines : dans l'éducation, dans la culture, dans la communication, dans la santé, dans les lois et dans les relations internationales.

C'est précisément de cela que nous ne voulons pas. Nous ne voulons de l'argent ni comme Dieu, ni comme maître. Nous ne voulons pas de maîtres qui devraient être des serviteurs. Point à la ligne.

Et quand j'écris « nous », que l'on comprenne bien, ce n'est pas une affaire individuelle. Ce n'est pas une affaire de préférence personnelle. Ce n'est pas un nous de majesté. C'est nous comme pays, c'est la France, qui du plus profond d'elle-même refuse et refusera d'être soumise à l'argent, refuse et refusera l'argent-roi.

Nous ne mélangeons pas tout. Nous acceptons et nous soutenons l'économie. Nous en connaissons les lois. Car nous savons qu'elle a des lois. Mais nous ne voulons pas qu'en ce point précis où elle tourne de l'économique au financier, quand le financier s'autonomise et ne pense plus qu'à ses intérêts, nous ne voulons pas qu'elle devienne despotique.

Nous ne voulons pas que notre vie de peuple, tout entière, soit soumise à la tyrannie de l'argent. Nous ne voulons pas que l'on puisse faire de meilleures études si l'on a de l'argent, que si l'on n'en a pas. Nous ne voulons pas que le chemin de la vie s'ouvre ou se ferme selon que les parents auront de l'argent ou n'en auront pas. Comme trop souvent c'est le cas aujourd'hui, comme ce que nous sommes devenus. Comme ce que l'on nous a laissés devenir.

Nous ne voulons pas que notre politique étrangère, comme pays, soit conduite par la soumission. Nous refusons la soumission à la force, et nous refusons la soumission à la force de l'argent.

Nous ne voulons pas que notre volonté nationale soit soumise à des volontés étrangères, et nous ne voulons pas davantage, comme trop souvent ces dernières années, que la voix de la France soit soumise aux puissances financières de la planète, aux dollars ou aux pétrodollars.

Spécialement, nous ne voulons pas que notre vie civique, tellement dépendante de la vie médiatique, soit soumise aux puissances financières. Nous savons bien qu'une partie de cette vie médiatique est dépendante des capacités financières des investisseurs. Mais nous ne voulons pas que la totalité du champ médiatique en devienne dépendante.

Nous savons bien que nous ne pouvons pas tout mettre à l'abri. Mais nous voulons au moins qu'une partie le soit. Pour servir d'étalon, de mètre étalon, au reste de l'univers médiatique. S'il y a un témoin fiable, alors par comparaison, le reste de l'ensemble s'oriente, s'améliore. Et si nous ne sommes pas sûrs de réussir, du moins nous voulons essayer.

Unité et pluralisme

Un pays, notre pays dont chacun des prétendants aux élections ambitionne d'avoir la charge, ce pays comment les responsables et les acteurs de sa démocratie le voient-ils ?

La plupart le voient comme un champ clos, comme un ring ou un champ de bataille. Il s'agit pour eux, à l'intérieur du pays, d'assurer leur victoire en battant leurs adversaires. Il s'agit que le camp de ceux qu'on présente comme les « bons » terrasse le camp des « mauvais ». Généralement et jusqu'à maintenant, que la « gauche » mette la « droite » hors d'état de nuire et réciproquement. Et tout aussi généralement, poncifs jamais éculés, que la « droite » cesse « d'avoir honte d'être la droite » et que la « gauche » devienne « vraiment la gauche ». Que chacun conjure le démon de ressembler à l'autre.

On trouve aussi des variantes pour faire moderne : par exemple que les « progressistes » s'affirment enfin face aux « conservateurs », et l'on vous assure la main sur le cœur – je suis fatigué de ces poncifs – qu'il y a bien sûr des « conservateurs » dans tous les camps, spécialement l'espèce redoutable des « conservateurs de gauche » dont l'espèce n'est pas moins à craindre que les

« conservateurs de droite », les uns s'avançant « masqués » mais non moins dangereux que ceux qui conservent « à visage découvert » ! Et de la même manière, les partisans de la décroissance malthusienne contre les productivistes de tout poil, et ainsi de suite *ad libitum* comme on disait naguère.

On verra dans les lignes qui suivent à quel point je suis minoritaire et décalé : je crois qu'un pays, qu'une nation, n'est pas un champ clos, elle est une unité, dont l'avenir doit être envisagé non comme la bataille perpétuelle des uns contre les autres, mais comme l'unification d'une volonté commune contre les coups du sort et les menaces intérieures et extérieures. L'édification d'une volonté commune pour saisir quand elles existent les chances qu'offrent les temps. Je crois que nous sommes embarqués dans le même bateau et que la question n'est pas tant de gagner la guerre de la moitié de l'équipage contre l'autre moitié, mais de souder et d'entraîner l'équipage et les passagers pour arriver à bon port.

Ce n'est pas que je n'aime pas les batailles. Je ne les ai jamais craintes et même j'ai du goût pour le parfum de la poudre, je n'ai jamais eu peur de charger, même seul (souvent assez seul) contre les puissants de l'heure. J'aime défier et ferrailler, c'est comme cela que j'ai vécu, tout à la pointe de l'épée, comme dit La Fontaine. Un peu mousquetaire, origines béarnaises et gasconnes, un peu Don Quichotte, un peu Cyrano, mes autres compatriotes, de part et d'autre des Pyrénées, compatriotes en cet idéal qui ne baisse pas les yeux.

Mais je n'aime pas les guerres intestines, les guerres civiles, où s'épuise l'énergie d'un peuple, les guerres dans la même famille, qui détournent l'attention des menaces et des chances, des nuages qui s'amassent à l'horizon et des éclaircies qu'on y pourrait apercevoir. Et nous sommes les champions toute catégorie de ces guerres civiles, et même des guerres civiles picrocholines, bagarres de sous-chef lieu de canton que Rabelais ridiculisait en les décrivant emphatiquement comme s'il se fût agi de la guerre de Troie.

Si encore l'affrontement était sincère. S'il existait vraiment des camps que les motivations profondes soudaient pour lutter contre un autre camp. Mais pour l'essentiel, ces dernières décennies, la division principale n'a pas été entre les camps, comme on s'acharnait à nous le faire croire, mais à l'intérieur des camps eux-mêmes. Et l'on était sur bien des points plus proche de l'adversaire que de l'allié. Les affrontements internes empêchaient de voir sur quel terrain était menée la bataille, et même s'il y avait une bataille.

Les uns disent « Hé, ho ! la gauche ! », les autres « La droite revient ! » et inversement « se débarrasser de la gauche », y compris de « cette gauche qui se prétend la droite », est devenu un mantra de l'autre parti. Bientôt on entendra qu'il faut « balayer » ces partis corrompus, et choisir la Révolution nationale, ou la Révolution tout court.

Tout cela, si l'on regarde bien, tout cela est vain.

« Gauche » et « droite » sont des ensembles sinon vides, du moins largement épuisés : la gauche ayant perdu foi dans son idéologie ; et le noyau dur de la droite s'épuisant dans la surenchère de la détestation de l'étranger, de l'immigré, de l'impôt, de la gauche, du centriste honni, des profs, des fonctionnaires, des chômeurs, des assistés, des musulmans, des journalistes, j'en passe et, j'en suis sûr, des meilleurs.

Or on ne peut pas vivre dans la déploration de l'idéologie perdue, et on s'empoisonne dans la détestation, qui fait des atrabilaires comme on disait du temps où l'on savait ce qu'est cette bile noire qui vous ronge de l'intérieur.

Épisodiquement, on tente de remplacer le duel gauche/droite par le duel progressisme/conservatisme : l'avenir contre le passé. C'est plus naïf encore ! D'abord parce qu'il s'agit d'introduire subrepticement un jugement de valeur sur une position politique : la croix d'honneur d'un côté, le bonnet d'âne de l'autre, comme on disait à l'école du temps où l'on prétendait rectifier les mauvais penchants des élèves à coups de règle sur les doigts. Au moins les noms de l'époque précédente, droite, gauche, centre, communistes, socialistes, écologistes, démocrates, républicains (quelle que soit l'acception de ce nom) décrivaient une conviction ou un positionnement politique et ne prétendaient pas leur donner en plus une prime morale.

Ensuite parce que cette vision sommaire et quelque peu ingénue postule que le progrès est tout entier dans un camp : les gentils contre les méchants, autrement dit.

Enfin parce que l'opposition entre ces deux mots vise à faire entendre que le progrès s'oppose à la conservation du passé. Qui sait où est l'avenir, où est le progrès ? Je connais bien des domaines, l'éducation par exemple, où le progrès se construit sur la transmission du passé, et même où il n'est pas de progrès concevable sans respect du passé. Et il y a bien des domaines où il serait juste et précieux de conserver ce que nous avons de meilleur, de s'abstenir de détruire notre patrimoine commun.

Alors, rien à faire ? Au contraire, tout à faire !

Si l'on considère qu'un pays c'est une unité, alors on comprend que le but premier n'est pas tant de faire triompher ses idées sur les autres mais de les faire prendre en compte dans un débat démocratique pluraliste. Il est d'approfondir sa vision de l'avenir et d'envisager la défense de ses idées, non pas dans le dessein de terrasser, d'abattre et de supprimer les autres, mais pour les faire entendre dans le dialogue et la meilleure compréhension. Leur donner toute leur place, les faire avancer, retenir leurs éléments principaux, mais dans le concert avec les autres grands courants d'opinion.

Les défendre en comprenant qu'il est plus juste et plus fructueux que ces blocs d'idées agissent en se confrontant avec les autres.

Une telle vision exige un changement complet de conception et, nous le verrons plus loin, d'institutions.

Mais il s'agit avant tout d'une réflexion sur la démocratie, réflexion que beaucoup considèreront au premier abord comme irréaliste, mais qui sera sans doute plus facile à saisir et à accepter si l'on fait le détour par l'analogie religieuse.

C'est une analogie qui permet de réfléchir et qui est pertinente puisque pour un croyant la conviction religieuse doit être plus impérieuse que les idées politiques. L'une parle en effet d'absolu, alors que les autres sont par nature relatives.

Dans les deux domaines, chacun porte un bloc de convictions, qui sont précieuses pour lui, auxquelles il tient, et qu'il veut voir entendues, qu'il estime propres à changer le réel.

Pour autant, il ne peut oublier qu'il y a, particulièrement dans une société fracturée, d'autres convictions, d'autres certitudes, différentes des siennes, parfois opposées.

Longtemps, les croyants ont voulu nier ou faire disparaître ceux qui portaient des convictions différentes. Et puis le temps a fait son œuvre.

Je ne connais pas aujourd'hui un catholique en France, aussi convaincu ni même intégriste fût-il, qui songerait à interdire le protestantisme, ou le bouddhisme, ou le judaïsme. Ou l'Islam. Et réciproquement, en dehors de quelques exaltés rongés par la folie djihadiste, aucun musulman, de quelque obédience qu'il se réclame, qui prétendrait effacer les religions chrétiennes ou juive. Et aucun des croyants qui entretiendrait le projet d'effacer les incroyants et l'incroyance. La société est laïque en ce qu'elle a compris, au plus profond d'elle-même, que les religions devaient être respectées dans leurs différences, et que chacun doit être libre de s'y convertir ou de les quitter.

De la même manière, le but de l'action politique est de défendre ses convictions, et, en même temps, de construire une société où les autres convictions, les autres certitudes, trouvent aussi leur place.

C'est à la société civile et démocratique ce que la laïcité est à la philosophie et à la religion : la reconnaissance et le respect du pluralisme.

Autrement, c'est sous toutes ses formes, la guerre civile, parce que rien n'est pire que la tyrannie d'une majorité sur les minorités, ou d'une minorité sur toutes les autres minorités.

Le pluralisme ne pacifie pas seulement : il libère aussi.

Ce que nous avons réussi à équilibrer dans l'ordre de la religion, il faut que nous l'équilibrions dans l'ordre du politique.

À la place de la politique qui vise à écraser les autres, je plaide pour la politique qui écoute, qui accepte le pluralisme des opinions, qui l'accepte et même qui le recherche. Le pluralisme aide à mieux voir le monde. On entend mieux et en relief en stéréo (phonie), on voit mieux et en relief en stéréo (scopie). Le pluralisme multiplie les points de vue sur le monde, sur la société. Il est par nature bienfaisant. Il n'est pas à redouter, il est à souhaiter.

La loyauté civique, l'information

Montesquieu disait que le propre de la République, c'était la vertu. Le civisme, l'esprit de citoyenneté, exige en effet un dévouement, une abnégation, pour écarter les privilèges et se dévouer pour le bien commun.

La démocratie exige une vertu publique, une vertu de l'État et de la vie publique, dont nous avons cru, longtemps, qu'elle était garantie par la République, une vertu à l'usage des citoyens, que personne n'évoque jamais et qui est pourtant la condition de toutes les autres : la loyauté.

Je ne parle pas seulement de la loyauté personnelle, l'honnêteté, le refus des abus de pouvoir, tout ce qui devrait aller de soi. Et pourtant… Mais je parle de loyauté collective, la loyauté du débat public que les institutions doivent garantir à l'égard des citoyens.

La loyauté à l'égard du peuple citoyen, c'est de lui garantir la juste connaissance des décisions qui se préparent, de leurs raisons et des options différentes qui auraient pu s'ouvrir.

La démocratie, c'est l'exigence de jouer cartes sur table.

Ce devrait être la marque principale des institutions, la raison d'être de la séparation des pouvoirs, la garantie que les abus ne pourront point être dissimulés. Cette garantie est le but principal des règles de la vie publique, à l'usage des citoyens qui détiennent la légitimité, mais qui *n'ont pas que ça à faire*. Qui n'ont pas que ça à faire de s'informer des affaires de la cité. Même si ce sont éminemment leurs affaires.

Car ce n'est pas si facile d'être un citoyen, quand on est pris par sa vie, qui souvent est difficile, quand on est une mère de famille occupée, un père de famille engagé dans la vie professionnelle, quand on est un étudiant à peine sorti de l'adolescence, un copain dans une bande de copains, qu'on a les soucis de la jeunesse ou de l'âge ou de la maladie.

Ce n'est pas facile, on n'a pas que ça à faire, dépouiller les journaux, consulter, essayer de comprendre. On n'a pas le temps, on a bien d'autres soucis, avec les fins de mois, avec les enfants, avec le travail, avec la menace du chômage. Il faudrait pour bien suivre, pour bien comprendre, y passer tout son temps ! Et encore.

C'est parce qu'il n'est pas facile de tout suivre, de se renseigner pour tout comprendre que la loyauté à l'égard des citoyens doit être garantie par des institutions honnêtes, scrupuleusement mises à l'abri des manipulations.

Ces institutions sont au moins au nombre de deux : l'information et la représentation, notamment au Parlement.

La mission de l'information, ce « quatrième pouvoir » comme on dit quelquefois, est de nourrir la conscience des citoyens. On leur facilite la capacité de savoir, de comprendre, on enquête à leur place : ils sont renseignés, ils réfléchissent. C'est un service qu'on doit à la démocratie.

La mission de la représentation, notamment au Parlement, est d'organiser le débat auquel ils ne peuvent pas participer directement et de contrôler le pouvoir, notamment d'empêcher les abus du pouvoir.

Ces deux institutions sont ouvertement mises en cause dans la conscience publique.

Le peuple citoyen soupçonne les organes d'information, écrits ou audiovisuels, de détourner la réalité, d'avoir pour dessein secret de les conduire à des choix ou des opinions que, d'instinct, ils rejettent.

Et la représentation est biaisée, puisque la majorité des citoyens n'a quasi aucun représentant alors que la minorité se voit attribuer la totalité des sièges.

Ces deux phénomènes conjugués, auxquels on réfléchit peu, que l'on cache soigneusement pour l'un, qu'on banalise pour l'autre, portent gravement atteinte à la fiabilité de notre vie publique. On croit que les citoyens ne s'en aperçoivent pas ? On se trompe ! Ils sentent l'arnaque. Le doute les envahit. Ils se détournent de l'engagement. Et se détournent du vote.

L'information est soupçonnée. L'indépendance de la presse, c'était le tout premier des buts fixés, dans le cadre de la reconstruction d'un pays libre par le Conseil national de la Résistance : « L'établissement de la démocratie la plus large par le rétablissement de [...] la pleine liberté de pensée, de conscience et d'expression ; la liberté de la presse, son honneur et son indépendance à l'égard de l'État, des puissances d'argent et des influences étrangères. »

C'était une réaction contre la déplorable histoire de la presse sous l'Occupation, aux ordres des collaborateurs, et tout autant contre la presse de l'entre-deux-guerres, prise en mains par les grands intérêts financiers et industriels. Ainsi les journaux des années 1930 appartiennent en sous-main au Comité des forges, comme *Le Temps*, ou de manière ouverte à de grands industriels du luxe. Certains avaient des buts idéologiques, cherchant à bâtir, comme c'était le cas du parfumeur Coty au travers du *Figaro* de l'époque un fascisme à la française. En tout cas, tous ceux qui acquéraient des journaux cherchaient des avantages particuliers.

La volonté de séduire l'opinion recouvrait celle de mettre l'État en tutelle. Car qui influence l'opinion a barre sur le pouvoir chaque fois que le pouvoir doit rechercher la faveur de l'opinion. Par exemple en période électorale.

L'histoire a d'éternels retours. La prééminence des très grands intérêts industriels et financiers dans le monde de l'information est désormais évidente aux yeux de tous.

Les citoyens sentent bien que de grandes manœuvres sont en cours, des manœuvres d'influence, de prise de contrôle, sur fond de crise économique de la presse. Encore n'en connaissent-ils pas, ou en connaissent-ils peu l'ampleur. Ils ne savent pas ou savent peu que la presque totalité de la presse nationale, écrite et audiovisuelle, est prise en mains par un réseau d'intérêts économiques, industriels, financiers, ou d'influence, qui a rompu de fait avec l'indépendance de l'information.

La presque totalité de la presse écrite nationale est désormais entre les mains d'une petite dizaine d'industriels, souvent en affaires avec l'État, en tout cas tous défenseurs d'un projet de société qui leur convienne. On pourrait montrer, pour la majorité d'entre eux, qu'ils sont pris dans de lourds conflits d'intérêts tels qu'ils ont besoin de se servir des journaux et des chaînes comme moyen de pression sur la décision publique, ou sur l'organisation de leur business. Pire encore, ils n'ont même pas besoin de se servir de leur pouvoir, la dissuasion suffit dans un grand nombre de cas. Il n'y a pas toujours intervention directe. L'état économique et social du secteur de la presse est tel que tout le monde prend ses précautions et l'autocensure joue dans bon nombre de situations.

Que peut-on faire ? Il y a trois choses à faire. D'abord, puisque l'État distribue des centaines de millions d'euros dans les aides à la presse, créer une instance indépendante qui aura les moyens de surveillance et d'intervention chaque fois que l'indépendance paraîtra atteinte. Il existe un Conseil supérieur de l'audiovisuel. On devrait créer une institution, composée de professionnels, dont la mission exclusive serait d'assurer pleinement le pluralisme sans lequel la démocratie n'a pas de sens.

Ensuite limiter drastiquement les concentrations. La concurrence est la seule garantie du lecteur citoyen, ou du citoyen auditeur et téléspectateur.

Enfin, et c'est sans doute le plus efficace, garantir des droits réels aux associations de rédacteurs. Ce sont les rédactions qui ressentent le plus vivement les atteintes à leur liberté de penser, d'enquêter, de juger et d'exprimer ce jugement. Ce sont les rédactions qui au bout du compte sont la garantie de la liberté de la presse. C'est donc elles qu'il convient de protéger en premier, et le plus efficacement. Rédactions des médias privés à protéger face à leurs actionnaires, rédactions des médias publics à protéger face au pouvoir. Un statut des rédactions devrait être mis en place, après un débat avec les journalistes et les patrons de presse, qui garantisse les droits des uns et des autres, afin qu'il soit acté que la presse et les moyens d'information ne sont pas un bien ordinaire : ils sont un bien commun dont dépendent l'équilibre d'une société et l'adhésion des citoyens à la démocratie.

Il est un autre grand chantier du pluralisme de l'information : prendre la mesure de la révolution Internet. Révolution aussi importante que celle que connut la presse grâce aux imprimeries industrielles, à la fin du XIXe siècle. La IIIe République sut se saisir de ce bouleversement technique pour en faire une grande loi démocratique, la grande loi sur la presse de 1881. Les temps méritent une loi nouvelle, pionnière, pour garantir le droit de savoir des citoyens à l'ère du numérique.

La révolution Internet n'est pas seulement technologique : elle est aussi démocratique, puisque le citoyen est aussi producteur d'information. Une « commission de réflexion et de propositions sur le droit et les libertés à l'âge du numérique » a donné des pistes novatrices : « La priorité de l'heure (…) est donc celle du nouvel écosystème démocratique nécessaire afin que la révolution numérique ne soit pas soumise à la loi du plus fort, du plus bruyant, du plus sauvage ou du plus violent, du plus marchand ou du plus autoritaire. Afin, en somme, qu'elle favorise une renaissance de l'idéal démocratique. »

Tout est dit. Il suffit de faire.

La loyauté dans la représentation

La loyauté de la représentation des citoyens est une des conditions de l'adhésion aux institutions démocratiques. La question des institutions est donc une question clé de l'avenir et de l'unité du pays.

« La question des institutions n'intéresse personne ! » C'est entendu, et j'ai entendu cette remarque mille fois. Mais la question du muscle cardiaque n'intéresse personne tant qu'on n'est pas malade ; la question de la transmission n'intéresse personne tant que la voiture marche ; la question des digues n'intéresse personne tant qu'il n'y a pas d'inondation. Ce qui ne se voit pas est souvent le plus important.

Les institutions sont à l'origine, et au principe, de toute vie démocratique.

Il est des institutions catastrophiques. La qualité des hommes s'y use : le talent et la volonté de servir y sont comme laminés. Elles peuvent porter à l'impuissance, et pire encore à la corruption des esprits, à la dictature des médiocres ou au pouvoir absolu des déséquilibrés.

La république de Weimar, la IVe République, chacune dans son genre et avec un inégal degré de gravité appartenait à ce genre d'institutions irrécupérables.

Le paradoxe est que la France, depuis le début de la Ve République, a trouvé des institutions qui ont fait la preuve de leur solidité, qui ont permis d'affronter de graves crises, et qui ont cependant été peu à peu dévoyées, dans leur pratique par des gouvernants qui ont perdu le sens de leur équilibre.

On peut remettre ces institutions en ordre, pourvu qu'on réfléchisse à leur logique et aux aspirations qu'elles portent.

Un pays en général, et la France en particulier, a besoin *à la fois* d'un pouvoir efficace, capable de décider et d'agir, et d'une vie politique où s'incarnent et se reconnaissent les différentes sensibilités qui composent la nation, afin que le débat et le contrôle du pouvoir y aient tout leur sens.

Le pouvoir qui était efficace est devenu inefficace. La vie politique est désormais unanimement rejetée par les citoyens qui n'y voient, à raison, que faux-semblants, impuissance et manœuvres.

Il convient donc d'en revenir aux principes, pour en vérifier la validité et pour reconstruire ce qui doit l'être.

Un Parlement a un double rôle à assumer. Son premier rôle est l'organisation du débat accompagnant ou précédant le vote de la loi, le second est le contrôle de l'exécutif pour éviter les excès, les manquements, et les abus de pouvoir.

Ce double rôle exige que les courants principaux qui forment l'opinion démocratique soient représentés en son sein, pour que nul ne puisse confisquer et empêcher le débat et que nul n'annihile le contrôle.

Or au Parlement français ce ne sont pas les Français qui sont représentés dans leur diversité, mais seulement deux appareils, le Parti socialiste et Les Républicains, occupant la totalité des sièges, protégés dans leur monopole, mais largement minoritaires dans l'opinion, représentant ensemble au maximum 40 % des suffrages exprimés, ce qui veut dire de l'ordre de 20 % de tous les électeurs. Ils disposent de quelques inféodés, appareils satellites qui, contraints et forcés, acceptent la domination et font leur nid dans la servitude. Ceux-là acceptent le marché implicite : tu te rallies, tu obtiendras des sièges, et doté de ta poignée de sièges, tu feras l'appoint et tu pourras faire semblant d'être indépendant... Ça m'arrange. Tu m'arranges puisque tu me sers.

Les autres, les dissidents, ceux qui pensent autrement, à tort ou à raison, ceux-là, fussent-ils plus nombreux, sont purement et simplement rayés de la carte. Leur suffrage ne sert à rien !

Tant qu'on ne résoudra pas cette question, on n'aura pas de parlement.

Je prétends que nul n'a le droit de priver une partie de la nation de représentation. *A fortiori*, je prétends que nul n'a le droit de priver de représentation une partie majoritaire de la nation ! Car les trois ou quatre courants principaux écartés du droit de représentation, ensemble, sont majoritaires, et de loin ! L'extrême gauche, l'extrême droite, les écologistes non inféodés et le centre indépendant, c'est 50 % ou 60 % des suffrages.

À tort ou à raison ! qu'ils aient tort ou qu'ils aient raison dans leurs idées, que je les approuve ou pas, et dans ces quatre courants il en est avec qui je peux dialoguer et d'autres que je combats vigoureusement, et qui me combattent vigoureusement, que je les affronte ou qu'ils m'intéressent, il demeure qu'ils rassemblent vingt ou vingt-cinq millions d'électeurs ostracisés, réellement proscrits, réellement bannis de la vie civique, en leur propre pays.

Je ne me lasserai pas de demander : de quel droit ? De quel droit, MM. PS ou MM. LR, de quelle autorité, de quelle légitimité, peuvent-ils ainsi décider de bannir leurs concitoyens et de s'accorder, fourbus comme ils sont, exténués et dévalués, le monopole de la représentation démocratique, et le droit de vider le débat de son sens ?

Je défends donc le droit de ces courants, provisoirement minoritaires, mais conjointement majoritaires, d'être représentés au Parlement de la République, comme leur droit de citoyens devrait le garantir.

Je défends le droit des amis de M. Mélenchon, des féaux de Mme Le Pen, des écologistes, et des Français du centre qui me font confiance de siéger sur les bancs où se pressent en rangs serrés les troupes de MM. Cambadélis, Copé et Jacob.

Les dissidents ne sont pas français de moindre lignée, pas des intouchables. Ils ne sont pas privés de leurs droits civiques et je prétends donc qu'on doit leur rendre leur droit à la représentation. Et le plus tôt sera le mieux.

On me dira, j'imagine : vous qui vous êtes battu contre les extrêmes toute votre vie, vous voulez maintenant les faire entrer au Parlement, et nombreux ? Oui, parfaitement ! Je veux, en justice civique, les faire entrer au Parlement à droit égal au droit de leurs concurrents bénéficiaires du monopole ! Et je les combattrai au Parlement, et ce combat aura du sens. Parce que dès lors qu'ils seront présents, le Parlement, ses débats et ses pompes, et ses œuvres, aura retrouvé sa légitimité aux yeux de vingt-cinq millions de Français, au moins, qui aujourd'hui n'écoutent même plus…

C'est vital, si l'on veut que les choses de la démocratie se remettent en place, que des talents nouveaux se révèlent, que les visages se renouvellent, et que s'affirme, y compris durement, l'authenticité des échanges.

C'est que le Parlement, ce n'est pas un théâtre d'ombres. Le Parlement, ce devrait être le lieu de l'authentique *catharsis* démocratique. Ce vieux mot grec, qu'on traduit par la « purgation des passions », évoque la représentation sur la scène de la tragédie grecque des passions les plus violentes, qui entraîne ainsi, croit-on, la libération de leurs influences les plus néfastes.

Ce sont tous les citoyens qui le disent et qui le crient de toutes les manières, par l'abstention, par le vote extrême : « Je n'ai pas de place dans ce système pervers. Je veux pouvoir exprimer mes indignations, ou mes colères, ou mes espérances, je veux qu'elles soient prises en compte. Si elles le sont vraiment, alors je me sentirai reconnu, et je commencerai à écouter à mon tour ce que disent les autres. »

Et quoi qu'il en soit, c'est un droit inaliénable en démocratie que de faire entendre sa voix.

Cette reconnaissance préalable est la condition même de l'adhésion du peuple. Reconnaissance et adhésion sont deux faces de la même médaille. Et qu'on ait à ce point perdu le sens du droit civique élémentaire, voilà ce que les décennies à venir auront bien du mal à comprendre.

Ces générations seront stupéfaites que nous ayons perdu le sens même de notre Droit fondamental, dont l'article premier dit : égalité des citoyens devant le suffrage. Égalité de tous les citoyens. Et pas égalité pour les citoyens qui votent conforme, et exclusion des citoyens qui votent non conforme ! Monopole des uns et exclusion des autres…

Cette rupture d'égalité est par exemple très précisément liée à la dégradation de notre climat social. On l'a vu lors de notre récent affrontement sur la loi Travail. Des grèves innombrables, des manifestations toujours recommencées et toujours vaines, un puissant sentiment de frustration, comme une traînée de détestation, ont été la conséquence mécanique d'un fait indiscutable : il n'y avait aucun lieu institutionnel où pouvait se faire entendre la voix des réticents ou des opposés. Nul ne pouvait se voir représenté dans le débat puisqu'il n'y eut pas de débat.

La démocratie parlementaire permet une représentation des affrontements, et leur permet de s'exprimer, d'en constater la reconnaissance et la légitimité, préparant ainsi la résolution des débats.

C'est parce qu'il y a confrontation, qu'au bout du compte, il peut y avoir dénouement.

Alors se retrouve l'éternelle objection française : si vous reconnaissez ce pluralisme, et si chacun est représenté, comment fait-on pour gouverner ? Et reviennent les fantômes de la vieille IVe République, des gouvernements qui tombent, et de l'impuissance publique. Comme si ces dernières années, les gouvernements s'étaient révélés puissants et énergiques et capables d'agir ! Et comme si tous les autres pays de l'Union européenne, sans exception, n'étaient pas gouvernés ! Regardez, par exemple, les vingt dernières années de l'Allemagne.

Il faut cependant répondre à cette objection, et il est deux réponses possibles. La première est toute simple :

vous exigez qu'il y ait une majorité ? D'accord. Il suffit de suivre la même règle que celle que tous les Français connaissent aux élections municipales : l'équipe arrivée en tête gagne d'office la majorité des sièges, les minorités reçoivent leur juste part des sièges restants. Techniquement, cela marche très bien parce qu'en vérité quand on est opposant, ce n'est pas le nombre de sièges qui compte, c'est la vigueur du propos. La minorité n'est pas là pour empêcher la majorité d'agir : elle est là pour faire entendre dans tous les débats la voix et les arguments de ceux qui n'ont pas gagné.

Techniquement, cela marche. Mais peut-on avancer une objection ? Quand on crée une prime qui donne la majorité absolue à ceux qui n'ont que la majorité relative, on croit le faire pour soi-même, ou pour ses homologues, pour des gens réputés acceptables. Mais qu'on réfléchisse bien : un tel privilège peut tomber entre des mains qu'on préfèrerait éviter.

Si l'on réfléchit, on conclura sans doute que la loi la plus équitable pour les citoyens, la représentation fidèle de la diversité des courants, pourvu qu'ils dépassent le seuil de 5 % des voix[1], seuil respecté dans l'Europe tout entière, cette représentation proportionnelle au nombre des suffrages obtenus, est aussi la plus sûre pour éviter les dérives.

J'ai eu un jour lointain cette conversation avec Helmut Kohl, avant qu'il ne devienne chancelier ou au tout début de son passage à la chancellerie. J'étais très jeune, et il avait pour moi une attention bienveillante et chaleureuse que je n'ai jamais oubliée. Je l'interrogeais : comment

1. Soit pour la France, environ un million de suffrages.

se faisait-il que l'Allemagne ne change jamais sa Constitution et ses règles électorales ? Il me regarda dans les yeux de longues secondes, pour mieux me faire sentir que la réponse avait son lourd poids d'histoire : « Nous, les Allemands, nous avons eu dix ou douze années, les plus terribles de notre histoire et de l'histoire du monde, entre 1933 ou 1934 et 1945, pour réfléchir à ce que produisent de mauvaises institutions. Et les plus grands juristes, les plus avertis, les hommes de conscience parmi les dissidents allemands ont passé ce temps à concevoir des institutions assez équilibrées pour éviter que de tels drames se reproduisent… »

Cet argument est un argument de poids : quand les temps sont troublés, il faut que les institutions protègent le pays et la société contre les dérapages et les dérives : obliger les courants démocratiques à se parler et à s'entendre, c'est garantir que les femmes et hommes de raison puissent faire rempart contre l'aventure et le désastre que porte en lui l'extrémisme.

De surcroît, c'est le seul moyen de voir naître des majorités d'idées. Chacun des grands courants démocratiques libéré de la tutelle que font peser sur lui les partis dominants devient libre de se prononcer, non plus en obéissant mécaniquement à ses alliés, mais en fonction de l'idée qu'il se fait de l'intérêt général.

Dès lors que tous les citoyens ont accès égal et équitable à la représentation nationale, la vie politique redevient loyale et l'unité du pays doit en sortir renforcée.

La grande question de notre temps, c'est la reconnaissance.

La reconnaissance, c'est la quête perpétuelle des femmes et des hommes au travail, la demande des enfants à l'école (et aussi dans la famille), la demande des éducateurs, la nostalgie de tous ceux qui, privés de travail, ont l'impression d'avoir perdu toute légitimité. La reconnaissance, c'est la question centrale des conflits sociaux. C'est aussi la grande question de la vie personnelle.

Quand il y a reconnaissance, on peut sortir de son château fort de solitude et de crainte. Si l'on est reconnu, on ne se sent plus menacé. Et si l'on ne se sent plus menacé, on peut prendre le risque de la rencontre avec d'autres, jusqu'au partage de la réflexion et de la charge.

C'est pourquoi c'est une question clé. La représentation équitable de toutes les grandes sensibilités du pays est la clé du changement décisif de notre vie publique, de son apaisement, de l'amélioration des décisions souvent annoncées à l'emporte-pièce, et de la recherche de majorités d'idées.

La fonction présidentielle

La représentation, ce sont les murs de l'édifice.

La clé de voûte de nos institutions, c'est la fonction présidentielle.

À la crainte d'assister au retour d'institutions brouillées, divisées, impuissantes, comme la France en a gardé la hantise depuis la IVe République, il existe une réponse désormais certaine : nous avons un garant, responsable devant le peuple, c'est le président de la République.

« Il faut un Président à la France. » En 1981, c'était un slogan original pour une élection présidentielle. C'était l'affiche de Valéry Giscard d'Estaing, candidat à sa réélection, et on voit bien ce que voulaient dire ces quelques mots : si la France avait besoin d'un vrai Président, de quelqu'un qui la dirige vraiment, respecté et avisé, alors il n'y en avait qu'un seul possible, le jeune Président qui se représentait, si brillant et expérimenté. Et pas Mitterrand, caricaturé en histrion, aventurier, familier du côté ombre, à propos duquel se murmuraient tant de secrets.

Le problème était que nul dans l'entourage du candidat n'avait pensé que le slogan était évidemment facile à détourner, à lire à l'envers, comme une invite au changement : s'il faut un Président à la France, alors il est urgent de renvoyer celui que ses adversaires et plus souvent encore ses « amis » accablaient de toutes les accusations de complaisance et de tous les soupçons.

Et cependant il faut un Président à la France.

Le problème est qu'on a oublié ce qu'est un Président.

Et c'est cela qui mérite d'être rappelé.

Un Président, élu au suffrage universel, doté d'un Premier ministre, ce n'est pas un chef de gouvernement. Sans cela, il n'y aurait pas besoin de Premier ministre. La seule existence de celui-ci doit mettre celui-là à distance.

Il est par nature chef de l'État, et pas chef de la majorité, un homme (ou une femme) pour le pays, pas homme de parti, pas homme de clan, pas homme de camp.

La première fonction d'un président de la République, chef de l'État et garant de notre démocratie, c'est de s'adresser à l'ensemble des citoyens, l'ensemble des composantes du pays, et pas seulement à ceux qui l'ont porté au pouvoir et soutiennent sa politique.

Sa fonction l'oblige à s'élever au-dessus des intérêts partisans.

Cette simple affirmation suffit à dire combien j'ai été déçu et heurté par les Présidents des dernières décennies. Car ils n'ont été, pour ainsi dire, que cela : chefs de clan, chefs de camp, hommes de parti.

Nicolas Sarkozy allait jusqu'à participer en personne aux réunions des gros donateurs de son parti. François Hollande qui avait juré la main sur le cœur que lui Président on ne verrait plus pareille dérive a passé son temps ces dernières années à recevoir des fournées de socialistes en déshérence et de frondeurs en goguette.

On m'a demandé, il y a quelques mois, dans une grande émission de télévision, quand j'avais senti que le quinquennat de François Hollande allait mal tourner. J'ai répondu la vérité : cette inquiétude m'a envahi à la première seconde de l'investiture. Exactement à la seconde où le nouveau Président, apparaissant au sommet des marches et prenant congé de l'ancien n'a pas fait le geste de le raccompagner à sa voiture, comme il est convenable à ce moment précis.

Encore davantage quelques minutes plus tard, lors du discours d'investiture, quand énumérant ses prédécesseurs et consentant pour chacun d'entre eux un mot de reconnaissance, il a omis de cette énumération celui-là même qui venait de lui transmettre les pouvoirs et symboliquement le code nucléaire. Il avait nommé tous les précédents, avait trouvé en chacun d'eux une qualité à souligner. Et il chassait de cette liste symbolique celui qui venait d'occuper la fonction pendant cinq années !

C'était goujat. Mais symboliquement, c'était pire.

C'était effacer la nature même de la fonction dans laquelle il entrait. C'était écarter, par dérisoire bouderie, par une quelconque rancœur, le plus profond, l'essence de la mission à laquelle il avait aspiré et avait été élu et qui est de rassembler son pays afin de le conduire.

C'était oublier la plus vieille règle non écrite de la fonction suprême : « Le roi ne venge pas les querelles du duc d'Orléans[1]. » L'élu à la fonction suprême a l'obligation morale et politique de dépouiller les rancunes et

1. Louis XII, jusque-là duc d'Orléans, est couronné à la fin du XVe siècle. Il s'est pendant des années opposé aux partisans du roi disparu. Le jour même, ses adversaires d'hier viennent lui demander indulgence. Il fait cette admirable réponse : « Il ne serait décent et à honneur à un roi de France de venger les querelles, indignations et inimitiés d'un duc d'Orléans. »

les agacements du candidat batailleur qu'il a été. S'il y manque, c'est à lui-même qu'il manque.

Égale déception ! Égale incompréhension ! Ils se sont comportés, l'un et l'autre, non pas seulement en chefs de leur majorité évanouie, mais en manœuvriers d'antichambre. Recevant à l'Élysée les opposants de leurs opposants, réduisant les écologistes en chair à canon, ou s'épuisant à séduire des pseudo-centristes en capilotade, s'évertuant à tromper les trompeurs eux-mêmes, oubliant en tout état de cause ce que leur fonction aurait dû leur imposer de dignité et de sens du rassemblement, l'un et l'autre se sont acharnés à enlever à l'institution ce qui la faisait grande. Et donc à abattre ce qui aurait dû les faire grands.

Si l'on enlève à la fonction suprême la dimension et l'altitude qu'elle devrait conserver, on la prive de sens, partant on lui enlève sa raison d'être. Et l'homme du pays devient un manœuvrier de minuscule envergure. À peu près exactement le contraire de ce que les peuples veulent respecter en des temps troublés.

Les peuples éprouvent une double attente : ils veulent des gouvernants forts. Et ils veulent un lieu symbolique de pouvoir, où la nation tout entière, qu'elle soit pour ou contre le gouvernement, peut se retrouver.

Ce besoin est si grand que dans la plupart des pays on a pris soin de distinguer la fonction supérieure, point de rassemblement d'un peuple politique, de la fonction contingente, celle qui met les mains dans le cambouis, mène la bataille et l'escarmouche.

Ailleurs, on a fait des rois et des reines, des monarques constitutionnels, des présidents arbitres, n'intervenant pas dans l'exécutif quotidien mais chargés d'incarner l'unité de la nation. Partout, un point de rencontre, une clé de voûte.

Chez nous, les deux fonctions sont réunies en une seule. Il est crucial que les impétrants commencent à s'en souvenir. Il nous revient, comme citoyens, de le leur rappeler.

Il est intéressant de se souvenir des raisons pour lesquelles le fondateur de la Ve République a conçu cette fonction présidentielle. Tout est dans le discours de Bayeux, le 16 juin 1946, alors que le libérateur du pays vient, pour la première fois, de quitter de son plein gré le pouvoir.

Que dit-il alors ? Le danger du régime des partis en proie aux divisions et aux manœuvres ; la nécessité d'un Parlement équilibré, composé de deux chambres, l'une reflet des réalités politiques, l'Assemblée nationale, l'autre de la vie locale, le Sénat, pour que l'une corrige les excès et les emballements de l'autre ; l'obligation, dans un pays qui se divise aussi aisément, de faire échapper les gouvernements aux combinaisons et aux intrigues parlementaires.

Pour cela, il convient que le gouvernement procède non pas des manœuvres parlementaires, mais du président de la République au-dessus des partis. On envisageait alors un corps électoral, spécial, large, quelque trois cent mille élus locaux. Et bientôt, dès 1962, l'élection serait remise au peuple tout entier.

Le Président n'est donc pas l'homme des accords médiocres, mais celui que le peuple choisit, en personne, comme un choix qui touche à son destin.

C'est le président de la République qui compose le gouvernement en cherchant à concilier « l'intérêt général quant au choix des hommes avec l'orientation qui se dégage du Parlement ». Les deux membres de phrase ont leur importance : l'intérêt général s'incarne dans la qualité des personnes choisies, et il n'est nullement besoin que la majorité soit en accord total avec le Président. C'est magnifier sa charge que de ne pas le rendre prisonnier d'un appareil de parti, fût-il le sien !

Charge à lui de rappeler au gouvernement « la continuité dont une nation ne se passe pas ». Charge à lui de servir « d'arbitre au-dessus des contingences politiques ». En cas de conflit, charge à lui d'en appeler au peuple pour qu'il tranche !

Rarement on aura pensé aussi net ! Rarement pensée aura été aussi profondément en accord avec le tempérament d'un pays. Ce n'est point par hasard que le discours se conclut par l'invocation du Sage Solon : « Quelle est la meilleure Constitution ? » demandait-on au législateur grec six siècles avant Jésus-Christ. Il répondait : « Dites-moi d'abord pour quel peuple et à quelle époque ! »

Quand on pense à ceux qui se proclament héritiers du général de Gaulle, et à ce qu'ils ont fait de sa pensée et de son œuvre ! Tout commence en grandeur, en vision, en horizon, et tout finit à courte vue, en esprit de clan, en calculs d'appareil.

Ce sont eux qui ont restauré le régime des partis ! Pire, ils l'ont consacré en lui donnant quasiment une prééminence institutionnelle : ils ont fait dépendre la candidature à l'élection présidentielle d'un vote d'investiture des militants et des sympathisants de leur camp politique !

Je suis très réticent, tout le monde le sait, à l'égard des « primaires ». C'est pratique pour dénouer les nœuds de rivalité dont la vie des partis est familière. Mais cela dévoie, par nature, la fonction présidentielle, avant même son point de départ, en rendant le Président, l'homme ou la femme qui devrait être au-dessus des partis et des clans, directement dépendant de son parti ou de son clan.

C'est un dévoiement, en ce que la campagne interne à un camp, est naturellement conçue pour plaire aux plus mobilisés, aux plus radicaux, aux minorités agissantes. On présente donc les projets les plus mobilisateurs pour les plus aveuglément mobilisés. On s'engage, la main sur le cœur ! On multiplie les formules destinées à cibler la faiblesse supposée des concurrents. On jure croix de bois croix de fer, que soi Président, on ne changera pas un iota du contrat passé avec ses partisans.

Le problème est que ces partisans, presque par définition, sont minoritaires et assez souvent mal avisés. Ils portent en bandoulière leurs querelles et leurs obsessions. Ils enchaînent celui (ou celle) qui devrait être libre et n'avoir pour horizon que l'intérêt du pays qui lui sera confié.

Sans compter qu'une telle organisation institue l'obsession présidentielle comme seul horizon de la vie démocratique, réduisant à néant les périodes où le gouvernement peut s'exercer, occupant au moins la moitié du quinquennat à la préparation de l'élection suivante, faisant de tout débat une manœuvre électorale à destination des plus partisans, pendant presque trois ans sur cinq ! C'est ainsi que l'on ruine le fonctionnement naturel et sain des institutions.

Ces compétitions internes polluent définitivement l'exercice de la fonction à laquelle elles sont censées préparer.

Ainsi en tout cas se trouve niée la double attente d'un peuple en des moments troublés. Un peuple a besoin d'une autorité dans laquelle il se reconnaisse, quelles que soient ses tendances politiques, une autorité indépendante et non pas dans l'allégeance à un camp. Un peuple a besoin d'une inspiration liée à l'intérêt général et non à l'intérêt particulier d'une tendance ou de groupes d'intérêt.

Le président de la République doit être regardé par les Français comme capable d'entendre leurs sentiments et leurs attentes, même s'ils ne sont pas de son bord !

Il faut bien que quelqu'un fasse entendre leur voix, et qui d'autre, au sein du pouvoir, pourrait le faire ?

L'antique république romaine avait deux types de fonctions publiques : le consul et le tribun. Le consul, c'était l'exécutif, l'autre, le tribun de la plèbe, c'était le recours du peuple tout entier. Les premiers faisaient carrière en montant, degré après degré, l'échelle des honneurs : on était questeur pour s'occuper des finances, puis édile pour les affaires locales, puis prêteur pour régler les conflits, enfin consul en charge de l'exécutif. Le tribun de la plèbe avait un tout autre profil et une tout autre mission. Il était là pour opposer une autorité de défense du peuple à toute autre autorité. Il était celui qui pouvait arrêter l'action publique d'un autre magistrat, aussi haut placé que fût ce magistrat. Il était la voix de ceux qui n'ont pas de voix. Pour cela, il ne suivait pas la carrière des honneurs, l'échelle des galons. Il était hors système, élu par la communauté des citoyens, hors notables. Il était inviolable, sacro-saint disait-on : nul n'avait le pouvoir de l'arrêter ou de le mettre en cause. Il pouvait mettre son veto à toute décision des magistrats, et convoquer le Sénat lorsqu'il le jugeait nécessaire.

Le président de la République doit être non seulement consul, inspirateur, mais aussi un peu tribun de la plèbe, défenseur du peuple. Pas de son peuple de partisans, pas de ses amis, de ses copains, défenseur du peuple tout entier.

Le président de la République a le devoir de concilier dans sa personne, dans l'idée qu'il se fait de sa fonction, et dans sa pratique ces deux magistratures antiques.

Qui ne voit donc que sa soumission désormais quasi institutionnelle aux partis et aux camps est une négation de sa vocation ?

Dans le monde des intérêts politiques, il devrait incarner une fonction historique et d'intérêt général.

Il n'est pas honorifique. Il est actif puisqu'il a été élu sur de grandes orientations pour le pays.

Il ne représente pas un programme. Un programme, c'est affaire de gouvernement.

Il est le Président, élu par les Français, non pas sur une liste détaillée de mesures secondaires, mais d'abord sur sa personnalité et sur quelques grands objectifs, sur son expérience, sa sensibilité, qui sont la garantie de l'engagement qu'il prend devant le pays.

Parce qu'il s'est engagé devant les Français, il est le porteur de l'intérêt supérieur du pays. À ce titre, il lui revient d'inspirer l'action gouvernementale, et de la contrôler puisque *in fine* il a sur les décisions majeures du gouvernement, celles qui sont arrêtées en Conseil des ministres, un droit de veto.

Il n'est donc pas un spectateur : il est un acteur incontournable. Pas un arbitre, un entraîneur. Il s'occupe de l'essentiel, fixant les buts à atteindre et ayant choisi, nommément et individuellement les opérateurs de l'action publique. Et il est protecteur du pays en cas de crise.

Si les choses bloquent avec les tendances du Parlement qui représente la diversité du pays, il reste au Président, inspirateur de la politique contestée, deux issues : l'une est parlementaire, il peut, *après le débat*, et après constatation d'un blocage, demander au gouvernement d'engager sa responsabilité. C'est l'article 49, alinéa 3, qui dit au Parlement : ce texte est suffisamment important pour que nous engagions notre vie sur son adoption. Si vous le refusez, nous vous mettons au défi de renverser le gouvernement. Si vous renversez le gouvernement, le Président dissout l'Assemblée nationale et le peuple tranche.

L'autre possibilité est un référendum où le peuple est appelé directement à se prononcer sur un texte touchant à l'organisation économique, sociale ou environnementale du pays, ou sur les institutions.

C'est pourquoi avec la Ve République, il n'y a pas de blocage parlementaire possible, puisqu'il y a un Président qui, à tout moment, peut saisir le peuple ! L'impuissance de la IVe, redoutée des Français n'est plus de saison.

Il y a davantage encore : le Président doit être pour ses concitoyens le facilitateur et le décrypteur de l'histoire en train de se faire. Primordiale me semble être cette mission que le fondateur de la Ve République et ses immédiats successeurs ont remplie de manière décisive.

Le Président est celui qui doit rendre lisible à une opinion souvent interrogative et inquiète l'inextricable écheveau de l'actualité. Rendre lisible ce qui est encore confus, tirer un fil qui guidera dans le labyrinthe. Il est celui qui doit mettre de la clarté dans le crépuscule perpétuel de l'histoire en train de s'écrire.

C'est une des plus belles missions qui soient. Elle a été occultée ces dernières années.

Il suffit de rappeler que parmi les sujets qui exigent clarification et précision, il y a le projet européen. Le fonctionnement de l'Union est hélas trop complexe pour pouvoir être suivi au jour le jour. Je ferai tout pour que cela change. Mais le dessein que les gouvernants français doivent proposer à l'ensemble des institutions de l'Union, et en vérité à l'ensemble des citoyens européens, ce dessein exige, pour être efficace et pour entraîner, d'être clairement énoncé.

Ce devoir de clarté est l'apanage du Président, spécialement dans les temps où la confusion envahit les esprits. Il a été délaissé ces dernières années, et je crains que ce ne soit par habileté, c'est-à-dire par défaut de volonté.

Un homme investi de la confiance d'un pays, face à ce pays. Ou une femme. Un homme libéré de la dépendance des appareils. En charge de l'essentiel, non pas de la contingence et des manœuvres, non pas des petites choses, mais des grandes. En fait, un homme ou une femme en charge des raisons de vivre d'un pays, et d'un peuple, et de ceux qui le forment.

Pas seulement les façons de vivre, ou les moyens de vivre, mais les raisons de vivre.

Et qu'un homme seul, une femme seule, puisse se voir investi de cette mission, si on l'exerçait non pas parfaitement – qui le pourrait ? – mais à la bonne hauteur, cela serait un ennoblissement de démocratie dans son ensemble.

Ce serait à soi seul un recours contre les pires habitudes dans lesquelles nous sommes si médiocrement tombés depuis des années et des lustres. La démocratie abandonnée aux appareils de partis. Pire encore : à des appareils qui ont cessé d'être représentatifs des courants d'opinion pour en venir à ne plus défendre que des intérêts antagonistes de chapelles ou d'écuries.

Ce serait amusant, assez drôle, assez ironique, que la fonction présidentielle, devenue obsessionnelle pour tous les appareils de parti parce qu'elle ouvre au pouvoir absolu au service des intérêts de clan, que cette fonction présidentielle, précisément, devienne le recours contre la domination illégitime des partis. Que ce soit la fonction présidentielle qui ramène les partis à leur devoir et les rappelle à la modestie.

Le Président ne peut être, et ne doit être, l'homme de personne ! Là où parlerait cet homme libre de toute dépendance, les appareils rongés de l'intérieur par leurs ambitions même, perdraient leurs privilèges et se trouveraient dépouillés de leurs abus.

Ce serait marrant. Comme dit Molière : « Juste retour Monsieur des choses d'ici bas[1] ».

Une fonction qui a cela de particulier qu'elle est unique, portée par une seule personne, ne dépendant pas d'une majorité, ou d'une opposition, mais confiée par un peuple tout entier à une seule personne tout entière.

Le Président est donc, par nature et une fois pour toutes, le garant de l'unité. C'est pour cela précisément que l'homme du 18 Juin, en conçut le principe. Il le dit à longueur de discours – que plus personne ne lit

1. *Le Tartuffe.*

plus, sauf quelques dissidents dont je suis ; que plus personne ne lit plus, surtout pas ses héritiers officiels… : le démon de la division et des querelles, démon originel des peuples gaulois nous mine et nous paralyse. Et nous détruit. Il le soupçonnait et le prédisait. S'il avait su, il aurait annoncé notre avenir doublement décomposé, par le démon gaulois de la division et par le démon de la division qui est dans l'esprit de notre temps. Spécialement nous, Français. Spécialement nous, génération mondiale des années 2010-2020. L'un s'ajoute à l'autre. Division au carré.

De sa capacité de résistance à la division, spécialement à la division inutile et stérile, sur des sujets qui n'en valent pas la peine, le président de la République est comptable. Et dans le jugement qui sera porté sur lui, la résistance à la division pèsera d'un poids plus lourd que bien d'autres facteurs. Que bien d'autres brillances.

Unité nationale ou union nationale ?

Nous devrions avoir l'obsession du rassemblement du pays pour affronter la difficulté des temps.

Cette certitude m'anime depuis le début de mon engagement civique. Le spectacle pitoyable des querelles de clan, des rancœurs personnelles, quand on les compare avec les périls que nous courons, donne la nausée. La différence d'échelle est frappante entre la petitesse de ces rivalités et l'importance des risques auxquels nous sommes exposés.

Cependant l'Union nationale est un concept ambigu. Dans l'histoire politique du pays, « Union nationale » signifie que toutes les sensibilités sans exception se réunissent pour agir ensemble. C'est notamment le cas en temps de guerre. Une telle unanimité est évidemment impossible à obtenir dans notre démocratie contemporaine. On n'imagine pas Front national et Front de Gauche dans le même gouvernement. Ce gouvernement, faute de cap commun, serait évidemment condamné à l'impuissance.

J'emploie le mot « unité nationale » pour traduire une autre conception. Entre les courants politiques qui sont d'accord sur l'essentiel, l'entente et la coopération devraient devenir possibles, au-delà des frontières des camps.

Si un programme d'action est approuvé, au-delà même des divergences et des antagonismes des partis, nos institutions devraient permettre de réunir autour de ces points d'accord des majorités d'idées.

La pratique institutionnelle actuelle est appauvrissante en ce qu'elle dissimule une réalité aussi forte que les divisions perpétuelles du jeu politique. Elle empêche que s'exprime l'estime et l'intérêt réciproque qu'il arrive assez souvent que se portent les responsables politiques, au-delà de leurs affrontements. Or cette estime et cet intérêt, parfois amical, s'ils n'étaient pas occultés au nom des affrontements systématiques, seraient pour les citoyens d'un grand intérêt, et un motif d'espoir. Ils permettraient de jeter sur le jeu démocratique un autre regard, d'entendre les arguments, au lieu de les voir démolir systématiquement. Les divergences apparaîtraient pour ce qu'elles sont : des nuances, parfois franches, mais qui n'empêchent pas que se dégagent de vastes zones d'accord.

Les responsables politiques, pris dans les jeux du cirque médiatique, ignorent à quel point les citoyens ont besoin d'estimer.

C'est un immense besoin de découvrir chez les acteurs de la mêlée politique des qualités intellectuelles ou morales qui dépassent le jeu de rôle convenu. C'est un immense motif d'espérer que de sentir la qualité humaine des responsables engagés. Nous sommes arrivés à un moment de notre vie publique où l'exaspération ne peut être conjurée que par la découverte de sentiments qui sortent du cadre éculé auquel nous sommes constamment ramenés.

Le conflit est intéressant quand il est réel, et sur le fond. Il peut même être intéressant quand il traduit des confrontations de caractère.

Ce conflit peut être vif. Il n'y a aucune raison qu'on ne puisse exprimer dans une langue rugueuse, avec feu, parfois sans nuances, des désaccords et des refus. La colère, le rire, le sarcasme parfois, tout ce qui fait la chair et le sang de la démocratie, et sa vie, ont leur place. Il n'y a aucune raison d'être tièdes et ennuyeux, même quand on est profondément modéré. Au contraire, on a le devoir d'être d'autant plus vivant, saillant, anguleux, que l'on est modéré.

L'émotion a sa place, et elle compte au moins autant que les arguments rationnels.

Mais quand le conflit est systématique et joué, il devient épuisant, et les spectateurs navrés s'en détournent.

La capacité à se réunir, à accepter les différences d'inspiration, et même à les trouver positives, conduira nécessairement à un autre climat, et ce climat sera bienfaisant pour les grandes décisions qui devront être prises.

On voit qu'il y a là un des enjeux du changement de pratique institutionnelle que je défends au travers d'une autre lecture des institutions.

Cette autre pratique permet de mobiliser des compétences jusque-là ignorées.

Il ne m'est jamais arrivé, depuis que je suis engagé en politique, de n'avoir pas repéré, parmi mes adversaires, des intelligences ou des caractères, des esprits ou des sympathies, avec lesquelles j'aurais aimé travailler.

L'idée largement répandue (et que j'ai contribué à répandre) des « meilleurs des deux camps » qui pourraient travailler ensemble n'était peut-être pas bien formulée.

Mais elle traduit le sentiment d'urgence que j'ai si souvent pressenti et appelé de mes vœux pour sortir de l'impuissance, pour faire partager aux citoyens l'esprit de mobilisation publique, qui marquerait de nouveaux départs.

La communauté nationale et l'immigration

Bien des inquiétudes pèsent sur l'unité du pays, davantage encore sur le sentiment des Français quand ils pensent à leur avenir en tant que communauté nationale.

La plus importante de ces questions, qui doit être abordée de front, est celle de l'immigration.

L'immigration est un phénomène universel, largement renforcé par la réalité de la mondialisation.

Nous sommes assez naïfs et assez oublieux pour croire que l'immigration et l'émigration, partir, s'installer ailleurs, c'est pour les autres.

Je n'oublie jamais que la France a été pendant des siècles, et il y a peu, un grand pays d'émigration. De chez nous des centaines de milliers d'hommes et de familles s'exilèrent, parce que leur vie était menacée ou leur existence compromise. Dans les siècles précédents, l'émigration française fut la réponse aux persécutions religieuses, particulièrement lors de la dramatique révocation de l'édit de Nantes à la fin du XVIIe siècle, qui fit s'enfuir pour le plus grand malheur du pays des centaines de milliers de protestants. Puis les poursuites politiques, au XVIIIe, notamment dans les suites de la

Révolution, visant ceux qui ne pensaient pas conforme, créèrent une deuxième vague d'émigrés. Le XIXe siècle connut des vagues d'émigration politique. Mais surtout la crise économique, spécialement la crise économique des campagnes françaises, le chômage et le phylloxéra dans les pays de vigne, lancèrent sur les mers la grande armée de ceux qui voulaient fuir. Pas depuis l'Afrique, pas de Pologne, pas du Maghreb. De chez nous.

Et ce furent des dizaines et centaines de milliers de Bretons, de Basques, d'Alsaciens (la guerre aidant). Et de Béarnais.

La grand-mère de mon père vit partir son jeune époux à la fin des années 1860. Ils avaient déjà un enfant, une petite fille. Mais la misère poussait. Il partit et mourut là-bas sur l'autre côte américaine, au bord de l'océan Pacifique, à proximité de la frontière du Mexique, à Corpus Christi, au Texas. Il écrivait chaque semaine, même si la lettre mettait un mois pour arriver. Un jour, il n'y eut plus de lettre. Et l'enfant qui attendait de revoir son père un jour n'attendit plus. Il fallut des documents officiels pour prouver le veuvage. Quelques années plus tard la jeune femme épousa mon aïeul. Mon grand-père fut l'aîné des trois garçons qu'ils eurent ensemble. Ce n'est pas dans la nuit des temps. C'est hier matin. Trois générations. Chez nous.

Je n'oublie jamais cela quand je parle d'immigration.

Les millions d'Irlandais (je descends aussi de l'un d'entre eux) chassés par la famine. Les Bretons, les Angevins, les Auvergnats. Les Béarnais. L'Amérique, le Chili, l'Argentine, le Québec, l'Afrique. Je n'oublie jamais quand je regarde s'installer chez nous des étrangers que nous avons été des étrangers s'installant chez les autres.

L'immigration est une vague de tous les temps et de tous les continents.

Les conditions d'accueil ne sont jamais faciles, les Italiens en France, les Polonais, qu'on insultait en « Ritals » et en « Polacks », s'en souviennent.

Mais il est une loi qu'il faut prendre en compte : les réactions se font plus dures dès l'instant que le rapport des populations se trouve déséquilibré.

J'ai toujours été frappé de la différence de comportement à l'égard de ceux qui viennent d'ailleurs, selon le nombre et la proportion des arrivants dans le pays d'accueil. Une famille immigrée, dans un village ou dans un quartier, quand elle est isolée, est accueillie et facilement entourée. C'est une pente naturelle, le plus souvent, de rendre service, d'aider.

Mais le rapport numérique renverse l'accueil en rejet.

Parce que le nombre bouleverse le sentiment le plus profond, le plus ancien, et après tout respectable : le sentiment d'être chez soi.

C'est parce qu'on sait être chez soi qu'on est hospitalier. Mais dès qu'on se sent dépossédé de ce sentiment d'être chez soi, et d'accueillir d'autres de bonne volonté, de son bon vouloir, dès qu'on ne se sent plus chez soi, *plus en France*, comme les gens disent, avec leurs mots, alors l'hospitalité se renverse en rejet, en xénophobie.

C'est vrai sous toutes les latitudes.

L'île de Mayotte, département français de l'océan Indien, entre la grande île Madagascar et le continent africain, proche de l'archipel des Comores, originellement partie prenante de l'archipel des Comores, reçoit de grandes vagues d'immigration clandestine. Une grande vague presqu'ininterrompue. Notamment de femmes comoriennes qui viennent accoucher à Mayotte. Ces migrants sont des Comoriens, de la même religion musulmane, de la même culture originelle, de la même langue originelle que les Mahorais. Pourtant leur venue renversant, en raison du nombre des arrivants, les manières de vivre, le sentiment de sécurité, menaçant les acquis sociaux, provoque en retour une immense vague d'exclusion et de détestation, avec des messages ouvertement racistes, même s'ils ne sont pas fondés sur la race, mais sur les préjugés, le nombre et le comportement.

Et ce n'est qu'un exemple. Le même type de comportement se retrouve aux Antilles, et ce sont les frères haïtiens qui en font souvent les frais, en Guyane, et ce sont les voisins brésiliens, par exemple, ou du Surinam.

Ce type de réaction de l'être humain est si fréquent, on pourrait dire si naturel, qu'on est quasiment certain de le voir se produire dès l'instant qu'on met les communautés humaines en situation de voir menacé leur rapport au quartier, au village, à la maison. Le rapport à *chez nous*.

Et qui réagit le plus, le plus vite et le plus fort ? Évidemment ce sont les plus fragiles. Parce que ce sont eux qui se sentent le plus dépossédés, dépossédés du peu qu'ils ont, le sol, le pays, la rue familière.

C'est pourquoi s'il est un échec de nos cités, ce n'est pas un échec de l'urbanisme, un échec du bâti, un échec des murs : on y a mis des milliards. C'est un échec de la mixité, du mélange équilibré qu'il fallait obtenir, pour que chacun se sente à son aise : les autochtones (en grec « issus du pays », « issus du sol lui-même ») qui n'auraient pas perdu le lien et leur familiarité avec leur terrain d'origine, et les venus d'ailleurs pour qu'ils se sentent accueillis. Au travers des générations.

J'avais été frappé, dans l'une de mes pérégrinations électorales, par cette institutrice de l'école publique dans un quartier difficile d'Île-de-France, qui m'expliquait que ses enfants à elle seraient scolarisés dans une école privée : « Ici, ce n'est plus possible… »

Et sa collègue de Saint-Étienne-du-Rouvray dans les événements tragiques il y a quelques semaines : « Dans la petite ville voisine de Saint-Étienne-du-Rouvray où j'enseigne à des enfants de primaire, il y a “seulement” un tiers d'enfants issus de l'immigration arabo-musulmane (turque, maghrébine). On y voit beaucoup de mariages mixtes, et seulement une minorité de femmes voilées. En revanche, mes collègues qui exercent à Saint-Étienne dans un quartier que l'on appelle “Le Château blanc” s'adressent à 90 % d'enfants maghrébins dans un contexte beaucoup plus islamisé. »

Cette concentration dans un contexte de tensions culturelles et sociales, fait fuir les familles qui ne se sentent plus chez elles, y compris les plus volontaires et les plus dévouées. C'est un mal.

Mais elle est également néfaste pour les enfants originaires de ces quartiers désormais ghettoïsés : ils ne connaîtront plus autre chose que la langue du quartier, que son accent, que ses manières d'être. Eux-mêmes seront de fait cruellement privés du pluralisme qui fait vivre. Et sortis du quartier, ils se sentiront immanquablement discriminés.

La question de l'intégration, c'est donc d'abord la question de l'équilibre des populations.

Comment a-t-on pu concentrer une politique aussi lourde en investissements sur les murs et le béton et oublier à ce point les réalités humaines ? Il y a longtemps pourtant que nous savons que les seuls édifices qui comptent sont bâtis « de pierre vive, ce sont hommes ».

On parle d'« intégration ». D'autres, pour aller plus loin, exigent l'« assimilation ». Mais l'assimilation supposerait que l'on renonce à ce qu'on est, à sa propre histoire. Et personne ne s'y résoudra. Les Béarnais de Californie et d'Argentine, les Basques du Chili, n'ont pas oublié qui ils étaient et d'où ils venaient… Et les pieds-noirs avec leur chagrin de déracinés qui ne s'éteindra pas ne l'ont pas oublié non plus.

Le vrai mot devrait être « incorporation ». On vient avec son histoire, avec ses souvenirs, parfois avec l'idée d'un retour, le jour venu, avec le rêve de la maison qu'on fera un jour construire là-bas. Mais on fait l'effort de devenir pleinement membre de la nouvelle cité, du pays dont on devient citoyen, et qui est un pays avec sa propre histoire, sa propre culture, ses propres coutumes, ses propres valeurs et modes de vie.

C'est pourquoi il n'y aura de véritable politique de renouvellement urbain que si elle s'adresse aux gens et pas seulement aux bâtiments. La clé d'une politique de renouvellement urbain par l'humain, c'est la mixité. La mixité des milieux sociaux, des familles, et je n'hésite pas à l'écrire la mixité des origines et des cultures, avec l'objectif que soit respecté le caractère propre de la société française à laquelle tous doivent se voir incorporés.

Ainsi on comprendra, et répondra, à ces attentes qui ont tant de mal à s'exprimer, sauf sous forme de colère, d'excès, de rejet.

Je sais, bien sûr, qu'il existe, heureusement, des femmes et des hommes moins troublés par l'immigration, plus acquis aux bienfaits de l'ouverture, souvent des militants, qui refusent ce type de réflexe, ce type d'instinct. Ils sont porteurs de profonde valeur humaine. Ils sont des défenseurs de la rencontre, de l'altérité, du bienfait du mélange. Ils sont à ce titre précieux.

Mais l'attachement presque atavique à son mode de vie traditionnel, la volonté de le transmettre sont une donnée spontanée de notre nature. C'est un sentiment naturel de se sentir, par ce mode de vie, lié à son pays et de ressentir ce pays et ces modes de vie comme une part de soi-même.

L'humanité, y compris l'humanité biologiquement envisagée, a besoin des deux attitudes : elle a besoin d'ouverture, et de rencontre, et de métissage. Et elle a besoin de conservation, de transmission.

Ce n'est pas seulement qu'il faille alternativement dans la société de l'ordre et du changement, la sécurité de l'enracinement et le risque de la rencontre. Cela va plus loin encore : il faut en même temps l'un et l'autre. Il faut que s'exprime la double tension. Une société qui accepterait de couper tout lien avec ses racines mourrait, et une société qui se crisperait sur elles s'étiolerait. L'une mourrait de faim et de soif et l'autre mourrait d'asphyxie. L'une mourrait parce que ses racines ne l'alimenteraient plus et l'autre mourrait faute de l'échange avec l'air et le soleil qu'offrent les feuilles.

C'est ainsi que j'interprète l'immense angoisse du « remplacement » que certains courants exploitent à l'envi. Non pas tant le remplacement des personnes, des origines, des religions, qui est statistiquement une vue de l'esprit, mais le remplacement d'un monde, de ses manières d'être, et des règles non dites et non écrites qui nous permettent, où nous sommes, de nous sentir chez nous.

C'est pourquoi il faut acter que l'immigration consiste pour ceux qui sont accueillis parmi nous, à rejoindre un pays déjà constitué, à s'y intégrer, à en prendre, au moins pour ce qui est de la vie partagée, les habitudes et les règles. Et qu'il y a un engagement implicite à les maintenir dans l'avenir.

Chacun reçoit dans cette société et dans ce pays des droits individuels. Mais si l'on veut éviter que s'aggrave le sentiment de conflit latent entre « ceux du pays » et « ceux venus d'ailleurs », il faut affirmer que chacun a des droits. Pour les uns, les droits reconnus à la personne humaine, pleinement, les droits de cité qui sont à la fois civiques, ne serait-ce que localement, et sociaux, autant que possible. Mais il existe un autre droit, collectif, qui n'est pas un droit juridique, qui est un droit si l'on veut moral : le droit à l'intégrité et à la pérennité du pays d'accueil, de sa société, de sa façon d'être, de sa langue et de ses usages.

On a cru que tous les droits étaient des droits individuels. Il faut aller plus loin. Il existe aussi des droits collectifs, des droits partagés. Ces droits ne sont pas moins puissants, même si ce sont souvent des droits implicites. Le droit au respect de l'intégrité de la société à laquelle on appartient, de son visage, est le premier de ces droits.

Nous avons des marques de fabrique, d'identité, des marques de nature, singulières, originales, qui nous font ce que nous sommes. Pour la facilité du propos, je vais nommer cet ensemble de principes, d'éléments d'identité, qui marquent notre nature : je les rassemblerai sous la dénomination de *caractère propre.*

C'est le mot qui fut utilisé pour sortir de la guerre scolaire, pour définir dans la loi ce qu'avaient de particulier les établissements privés confessionnels. Catholiques pour la grande majorité, protestants ou juifs pour d'autres. Il n'était pas facile de désigner dans la loi la nature de ces établissements. On ne pouvait pas écrire « religieux », puisque l'État ne reconnaît pas les religions. On ne pouvait pas écrire « libres », car cela eût supposé que l'école publique n'était pas libre, elle qui se vivait comme la liberté même, libérée de toutes les sujétions.

Rien n'est plus redoutable que les guerres de mots.

Alors vint un juriste à l'esprit délié et pacifique. Il écrivit simplement que ces établissements relevaient « d'un caractère propre »... En latin on aurait écrit *sui generis.* C'était plus conciliateur encore en français. J'ai souvent pensé que ce « caractère propre », qui n'est pas très beau, mais qui est bien pratique, qui n'engageait pas à grand-chose, a grandement détendu le conflit, et permis de résoudre la querelle scolaire.

Notre société aussi a son *caractère propre.* Notre société française, européenne, occidentale. Notre société romaine, de langue et de droit romains, notre société un peu grecque, avec nos noms de jours dans la semaine qui portent des noms des dieux païens de l'Antiquité, sauf le samedi et le dimanche, notre tradition un peu Ancien Testament, beaucoup église et cathédrale, et monastères. Notre société du combat des Lumières, de ceux qui se battaient pour empêcher l'Église de dominer la société. Notre société *Liberté, Égalité, Fraternité.* Notre société école laïque, gratuite, obligatoire. Notre société mairie et tribunal. Notre société mœurs et coutumes de liberté. Notre société égalité des sexes, respect des différences. Notre société bazar démocratique. Notre société des grandes libertés, liberté d'information, liberté de manifestation, liberté d'association. Notre société de paysages urbains et campagnards, hérités d'un passé que nous aimons. Tout cela, tout ensemble, tout venant, en vrac et parfois en bataille, c'est notre *caractère propre* de société française.

C'est le *visage* de notre société et ce visage demande à être respecté. Ce caractère propre demande à être préservé.

Une société a un besoin vital de se penser non seulement dans l'espace mais dans le temps. De se définir à ses propres yeux en se souvenant du passé, bien sûr, de se voir au présent, et encore davantage de se penser à l'avenir, de se projeter dans l'avenir. De penser à sa préservation, à sa pérennisation dans l'avenir.

Une société a un besoin vital de se penser *durable.* C'est un enracinement, si l'on peut dire, dans le futur. C'est une *rassurance,* une garantie qui rassure.

Et c'est pourquoi il importe de dire à ceux qui nous rejoignent, à ceux qui nous ont rejoints qu'ils ont choisi de venir vivre au cœur d'un pays qui existait avant leur arrivée, et que c'est d'ailleurs parce qu'il existait avant leur arrivée qu'ils ont choisi de s'y installer. Que ce pays avait un certain mode de vie, certains principes, certaines coutumes qui ont produit avec le temps un cadre de vie suffisamment attractif pour qu'ils choisissent de le rejoindre.

Et en même temps de dire à ceux qui se sentent de fondation, à ceux qui éprouvent de l'inquiétude, que l'intégrité de leur mode de vie, de leurs principes, de leurs coutumes doit être respectée. Cette intégrité doit être garantie pour le présent, et pour le futur.

La mise en cause de ce principe d'intégrité, quand il n'est pas ouvertement pas respecté, quand le citoyen ordinaire le sent fragilisé, provoque de violents désordres, tourne en rejet, tourne en racisme.

C'est ainsi que sur la question brûlante de l'immigration peut être restaurée l'unité qui fait la France.

Un droit nouveau,
le droit de la communauté

Jusqu'à maintenant, une telle notion n'a pas été fixée par la réflexion démocratique. Elle mérite de l'être. Elle n'exclut pas. Elle rassemble et sauvegarde à la fois les droits individuels et les intérêts « matériels et moraux » de la société que nous formons ensemble.

La Charte africaine des droits de l'homme et des peuples, reconnaît, à côté des droits individuels et personnels, les droits de la « communauté ». Il est besoin chez nous d'une telle reconnaissance. C'est une réponse à l'aigreur et à la rancœur, nées du sentiment de dépossession de soi-même, de son quartier, de son pays et de son monde.

Car ceux-là, ceux qui se sentent dépossédés, ce ne sont pas des puissances, pas des privilégiés, ce sont au contraire les moins puissants et les moins privilégiés qui le ressentent le plus, et sont, circonstance aggravante, les moins à même de l'exprimer.

Grâce à cette notion nouvelle du droit de la communauté à l'intégrité de son avenir, on peut réfléchir d'une manière différente aux sujets les plus brûlants, qui touchent au vêtement, aux lieux de culte, aux manières d'être.

Par exemple, la question de la place de la femme dans la société et dans la famille n'est pas seulement une question de droits individuels. Autrement, chacun aurait le droit en libre arbitre d'adopter le mode de vie qu'il souhaite. Et même d'accepter la soumission.

En fait, c'est une question d'intégrité de la société. Nous ne voulons pas seulement respecter des droits. Nous voulons défendre et faire vivre pour le présent et pour l'avenir une société dans laquelle la femme est l'égale de l'homme et respectée en elle-même.

C'est le principe que nous défendons : la femme n'est pas respectable en fonction de la manière dont elle est vêtue. Elle est respectable en elle-même. Trop d'hommes et de femmes croient que le respect se gagne dans le vêtement. Que c'est le vêtement qui protège contre les gestes ou les regards. Au fond, que c'est aux femmes de veiller par leur mise et par leur attitude à ce qu'on ne les agresse pas.

Très souvent, les femmes musulmanes, y compris les femmes converties, avec qui je parle en confiance, me disent : « Comme ça, je suis respectée. » Et pour beaucoup d'entre elles, on sent à les entendre, que dans leur vie d'avant, cela n'a pas toujours été le cas.

Notre société et notre civilisation sont plus exigeantes. Pour nous, le désir masculin, son expression, sa libération ne dépendent pas du vêtement et de l'attitude de la femme ou de la jeune fille : ils dépendent de soi et du respect de soi. Du respect de soi-même pour les garçons et pour les hommes. C'est une question d'éducation, et c'est une question qui s'adresse davantage encore aux garçons qu'aux filles, aux hommes qu'aux femmes.

Nous défendons une société dans laquelle non seulement les femmes sont les égales des hommes, mais dans laquelle les femmes sont respectables en elles-mêmes, quelle que soit la manière dont elles ont l'habitude de se vêtir. Parce que ce n'est pas le vêtement qui est à respecter, c'est la personne qui le porte.

Tout cela longtemps n'a pas été évident, y compris dans notre Occident chrétien. Chez nous aussi, il n'y a pas si longtemps on entendait des mères naïvement fières de leurs garçons, dire à leur voisinage : « Surveillez vos poules, je lâche mes coqs. » Les filles devaient « se tenir bien », sinon, c'était un peu leur faute...

Changer de point de vue, c'est le résultat d'un long chemin, d'une longue construction. Chez nous aussi il a fallu faire œuvre d'éducation. Cet effort n'est pas achevé, il y a beaucoup de chemin à faire vers la société du respect mutuel.

Il a fallu sept siècles au moins entre les troubadours occitans du XIIIe siècle, ou de la fin du XIIe, entre les défenseurs du *fin'amor*[1], ou de l'*amor de loenh*[2], qui introduisirent en Occident l'idée que le chevalier amoureux maîtrisait sa pulsion comme il maîtrisait son corps de cavalier et sa monture dans le tournoi.

C'est un long chemin à parcourir tant il y a d'archaïque dans ces représentations. Tant il y a des efforts à faire, des efforts à consentir pour s'en déprendre. Pour considérer que le respect est réciproque, qu'il ne peut y avoir de proies dévouées et de prédateurs légitimes dans la civilisation qui fait femmes et hommes égaux, également respectés. Quel que soit leur vêtement, ou leur absence de vêtement.

1. L'« amour parfait ».
2. L'« amour de loin ».

Ceci n'est pas une coutume, c'est un idéal. Et c'est une loi. Il faut des siècles pour y parvenir, mais la preuve est faite : on y parvient tant bien que mal. Et lorsqu'on a atteint cet idéal, il vaut la peine de le défendre, bec et ongles. Au nom de nos filles, et au nom de l'humanité.

Peut-être, si on le comprend, pourra-t-on trouver les mots justes pour parler ainsi d'éducation ? Pas de l'éducation des diplômes, de la véritable et plus profonde encore éducation, qui est l'éducation à la délicatesse.

Peut-être le comprendra-t-on encore mieux si on réalise que cette vision d'amour courtois, qui allait changer et construire l'Occident, a été partagée par deux poètes musulmans, à Bagdad au IXe siècle par le poète iranien de langue arabe Ibn Dawoud et à Cordoue au XIe siècle par le poète persan Ibn Hazm, andalou de langue arabe, qui chante l'union des âmes ?

« Vous savez, monsieur, c'est difficile d'être arabe en France ! » C'est un jeune adulte qui parle, peut-être 35 ans. Il a été dans l'armée, engagé volontaire, puis réengagé, plusieurs années. Il travaille dans une entreprise de travaux publics qui achève une longue mission de près d'une année en Béarn. Il prend toute sa part de la vie de son quartier où il est né et où il a grandi. Ce jour-là, il participe à une délégation qui vient plaider pour des espaces à offrir aux jeunes. Tout d'un coup, il me raconte la dernière journée de sa mission. Son contremaître est du Nord. Ils se sont bien entendus pendant la mission. Tous les jours, il venait prendre le café avec ses ouvriers. Et puis le dernier soir, dernier pot, derniers mots, juste en partant : « Merci. Ça m'a fait plaisir ! » Et puis ces mots jetés qui ont glacé : « Pourtant, je n'aime pas les Arabes. » Je ne sais ce que cette phrase voulait dire exactement. Peut-être ce « pourtant » signifiait-il, avec la difficulté à s'exprimer qui se rencontre trop souvent : « Je vous ai appréciés... » Et puis, comme se parlant à soi-même : « Pourtant je n'aimais pas les Arabes... » Peut-être étaient-ce des mots qui en fait voulaient dire le contraire de ce qui a été entendu, comme un aveu de sympathie que n'arrivaient pas à réprimer les sentiments habituels dont il s'était fait une opinion. Je ne sais pas...

Et rassurons-nous, ou inquiétons-nous, je ne sais, tout cela est parfaitement réciproque, symétrique, renvoyé comme par un mur.

À la ségrégation des uns correspond, trait pour trait, pixel pour pixel, la discrimination des autres. Dans les deux sens. Je suis sans illusion. Je vois tous les jours les effets du mur d'incompréhension. Je vois les familles qui disent quand se prépare un mariage mixte : « Pas d'arabes dans la famille. » Et de l'autre côté, ceux qui disent non moins durement : « Pas de Français dans la famille ! » Je connais les deux répudiations. Les deux incompréhensions.

Notre responsabilité est celle-là. Nous sommes des résistants à la double incompréhension. Au rejet des uns et au rejet des autres. Si les choses deviennent claires, si l'on comprend et accepte qu'il convient d'harmoniser les droits individuels au respect de ce que l'on est individuellement, et le droit collectif de la communauté que l'on forme ensemble, venue de l'histoire, à être respectée pour ce qu'elle est et à se projeter pour l'avenir dans son intégrité, alors le conflit d'identité se résoudra dans un projet nouveau, personnel et collectif. Et l'unité française se trouvera confortée.

La question de l'Islam

La question de l'Islam taraude la société française. C'est une question brûlante, parce que c'est une question intérieure. Une question de l'intérieur de nous-mêmes. C'est une question brûlante pour tous, et particulièrement la question est brûlante pour les musulmans qui sont nos concitoyens ou qui vivent parmi nous.

Mais c'est aussi une question pour tout l'Occident.

Par exemple, cette question n'avait jamais été posée directement aux États-Unis. Jamais. Et voilà que Trump, dans un assaut inouï de démagogie n'a pas hésité à affirmer qu'il fallait y interdire l'entrée des musulmans. Radicalement.

Naturellement, il n'en croyait rien. Bien entendu, il savait que c'était stupide, et impossible et même pas imaginable, ni en Droit, ni en fait. Mais il se fiche évidemment de ce qui est possible ! Ce qu'il voulait était très simple : il voulait que personne parmi les électeurs n'ignore que, entre l'intégration et le rejet, il était du côté du rejet. Il disait à l'électeur : « Tu vois, ce que tu n'oses pas dire, que tu n'oses même pas penser, je le dis haut et fort ! Nous sommes du même côté, toi et moi ! »

La déclaration terrible de Trump, qui est en fait une déclaration de la légitimité de la guerre de religion n'a pas d'autre sens. Nous sommes du même côté, toi et moi, dit-il à la partie la plus obscure et la plus sombre du peuple américain.

Mais nous aussi, autant que nous sommes, nous avons du sombre en nous…

Ainsi l'Islam est parmi nous comme une interrogation et comme un défi.

Pour ceux qui vivent l'Islam comme une menace sur notre identité, c'est une interrogation sur nous-mêmes et sur le rapport entre nous-mêmes et une religion qui nous met en question.

Et pour les musulmans parmi nous, c'est un choc et une menace, le sentiment d'être rejetés, alors qu'ils se vivent, et qu'ils sont, pour la plupart, pleinement français, ou pleinement intégrés dans la vie quotidienne de la société française.

À ces questions symétriques, personne ne trouve les mots pour répondre. Par ignorance pour les uns, par manque de sensibilité humaine aussi bien que par angélisme pour les autres.

Comme personne ne sait aborder la question, le sujet s'infecte à bas bruit, comme disent les médecins : les questions deviennent taboues et s'enflamment.

Face à cette interrogation et à ce défi, il importe donc de proposer la réponse de la France. La réponse de l'histoire et de la nature de la France et la réponse de la société française.

M'exerçant à formuler cette réponse, il faut que je dise, sans rien travestir, qui je suis sur ce sujet précis de la religion et de l'Islam.

Croyant, je suis ami des croyants. Et il se trouve que je suis sensible aussi à cette raison qui fait les incroyants. À cette honnêteté qui fait les agnostiques, et même tous ceux qui ne savent pas très bien où ils en sont sur cette question si souvent sans réponse.

Comme homme, comme individu, je pense que la question du sens de la vie, du sens du monde, du sens de cet Univers de quatre cents milliards d'étoiles semblables à notre Soleil, rien que dans notre vieille Galaxie, dans notre vieille Voie lactée, est une question jamais résolue. Quatre cents fois mille millions de Soleils. Pour une seule galaxie. Et quatre cents milliards de galaxies dans l'Univers. On dit même depuis peu deux mille milliards ! Deux mille fois mille millions de Voies lactées... Toutes étoiles et galaxies et planètes innombrables, obéissant à des lois implacables, réglées comme le mécanisme d'horlogerie atomique le plus précis, des milliards de milliards de pièces jouant ensemble, se tenant l'une l'autre.

Je n'arrive pas à imaginer que tout cela n'ait aucun sens et soit le fruit d'un hasard impavide. Et je n'arrive pas à imaginer que l'amour, l'intelligence, la beauté qui naissent dans nos milliards de neurones, cent milliards par individu, que tout cela soit dû au seul hasard. Que dans chacune des milliards de cellules qui nous forment, nous, tous les animaux, tous les animalcules et toutes les bestioles, chacun selon son espèce comme dit la Genèse, il y ait les mêmes systèmes solaires, les mêmes rotations sans fin, les mêmes noyaux et les mêmes électrons satellites.

Il n'est pas sans signification que dans chacune de ces trente mille millions de millions de cellules qui nous font, et qui se renouvellent sans cesse, mourant et naissant au rythme de deux mille par seconde, soit inscrit en chacune d'entre elles, cellule de cheveu ou de cil, un volume épais, l'équivalent d'un livre entier, qui nous décrit et nous programme entièrement, visage, organes, nerfs et cerveaux. Et il n'y a rien d'évident qu'en même temps, nous nous sentions, et que nous soyons assez réellement *libres* !

Des milliards de milliards d'univers potentiels au-dessus de nous, au-dessus de notre échelle. Des milliards de milliards d'univers potentiels au-dessous de nous, de notre échelle. Il y a sans doute des gens que cela indiffère, moi cela me remue jusqu'à l'âme. Le plus grand génie de notre civilisation moderne française, Blaise Pascal, a décrit ce vertige en rendant compte des *deux infinis* : l'homme « entre ces deux abîmes de l'infini et du néant, tremblera à la vue de ces merveilles… »

Et que par ailleurs chaque jour nous assistions au combat que l'amour, ou la générosité, mènent contre la guerre, et qu'ils ne perdent pas toujours, eux, les Désarmés. Et même que le plus souvent, sur le long terme, ils gagnent !

Voilà ce que mes yeux aveugles découvrent au détour de chaque instant de lumière.

Je n'ai pas les réponses, mais je ressens assez de questions pour penser qu'il y a une réponse. S'il y a tant de mystères, c'est qu'il doit y avoir une clé à ces mystères. Quoi qu'il en soit, c'est ainsi que je ressens le monde : en attente.

C'est dire que je ne suis pas indifférent, ni condescendant, à l'égard du mouvement qui au cœur des hommes les fait religieux.

Et en même temps, j'en sais assez de notre histoire, pour ne pas être dupe.

J'en sais assez non pas livresquement, mais intimement assez de notre histoire pour ne rien ignorer de ce que les religions, y compris la mienne, ont pu et peuvent représenter d'abus, de domination sur les esprits, de dérive vers le pouvoir. Et vers l'avoir. Et donc pour saluer, et me sentir frère non pas seulement avec les croyants, mais avec ceux qui ont tout donné, athées ou agnostiques, ou sceptiques, pour secouer le joug de la croyance.

C'est assez compliqué, n'est-ce pas, la vie des hommes…

C'est pourquoi, parce que cette conviction relève du plus intime de nous-mêmes, de chacun de nous, femme et homme, confrontés à la question du sens de la vie, et parce qu'il y a dans cette question de la religion ou de l'athéisme, plus de dynamite, plus de nitro-glycérine et de TNT que dans la bombe la plus puissante, j'ai toujours été opposé à l'utilisation de la religion en politique.

C'est là une ligne de fracture avec l'Islam, du point de vue philosophique : l'affirmation théorique de la pensée musulmane est que la religion n'est pas seulement une religion, une foi, une pratique mais bel et bien la Loi qui doit s'imposer à tous, à toutes les activités humaines, et à tous les êtres humains.

Il y a là une frontière, pour nous citoyens d'Occident, habitués à la liberté de penser, défenseurs de la liberté de penser. Ce principe qui refuse de séparer l'univers religieux de tous les autres univers de l'activité humaine est le contraire du nôtre. Pour nous, l'autorité de la religion est légitime, mais ne peut pas s'imposer à toutes les autres autorités dans la société, ni à la science, ni à la philosophie, ni au Droit, ni à la politique ; et en cela il y a opposition avec ceux qui professent qu'il n'est aucun domaine de l'activité humaine qui puisse se proclamer indépendant de l'autorité de la loi religieuse.

Entre ceux qui reconnaissent la légitimité de la religion, mais reconnaissent une légitimité égale à toutes les autres formes d'activité et de réalisations humaines ; et ceux qui proclament en principe que la religion est au-dessus de toutes les autres activités humaines, et doit leur imposer son autorité, c'est là qu'est la ligne de partage.

Chacun, individu ou société, est libre de vivre avec la conviction que la vérité de sa religion est d'une essence supérieure à toute autre vérité d'une vie humaine. Cela est affaire de foi, d'engagement, d'intime.

Mais l'affirmation que la religion doit soumettre toutes les autres activités humaines à son autorité, nous la ressentons comme une négation de la vie libre et du réel, de notre liberté et de notre réel contemporain.

Si l'on acceptait ce principe de soumission, chacun voulant imposer la loi de sa religion propre, étant donné la diversité des religions et la volonté de domination absolue que chacune serait en droit de revendiquer, alors la guerre civile, la guerre de religion, deviendrait la seule issue.

Si nous voulons éviter la guerre, avec le souci que nous devons avoir de tous nos enfants, alors il nous faut défendre, envers et contre toutes les pressions, le principe de séparation entre la religion et les autres autorités de la société.

Distinction et autonomie réciproque des différents ordres qui organisent une société, l'ordre politique, l'ordre scientifique, l'ordre religieux.

L'autorité religieuse, qu'elle soit celle des Écritures, ou de la tradition, ou celle d'un clergé pour les religions qui en ont un, cette autorité est légitime dans l'ordre religieux. Ceux qui y adhèrent sont libres de se soumettre à ses prescriptions. Mais l'autorité civile, est légitime dans l'ordre civil, l'autorité politique est légitime dans l'organisation de la société civile. Et l'autorité scientifique est seule légitime dans l'ordre scientifique. Les trois ordres, celui de l'autorité civile, celui de l'autorité scientifique, celui de la religion doivent être reconnus comme distincts les uns des autres pour qu'une société produise de l'harmonie et de la liberté pour ceux qui la forment.

Lorsqu'il y a bientôt quatre siècles Blaise Pascal avance cette définition de la distinction des ordres, il accomplit pour toute l'humanité le plus grand pas vers la liberté humaine. Désormais, si l'on s'inspire de ce principe, nul ne pourra contraindre Galilée à renier la réalité qu'il a découverte dans ses calculs et sa lunette astronomique que la Terre tourne autour du Soleil, et non l'inverse et que Copernic avait donc raison. Désormais, les rois et les princes ne pourront plus contraindre leurs sujets à adopter une religion plutôt qu'une autre, une philosophie plutôt qu'une autre. Désormais, personne ne pourra imposer une vision « scientifique » des choses, Lyssenko et Staline ne pourront plus prétendre que les vaches communistes produisent plus de lait que les autres. Et désormais, si l'on accepte de lire et de comprendre, les guerres de religion deviendraient impossibles.

Voilà l'opposition dans la théorie philosophique.

Mais la philosophie n'est pas tout : le réel, la réalité de la vie vécue, sont souvent tout autres.

Car même dans les pays qui affirment une religion d'État, la responsabilité de l'autorité politique s'exerce librement dans bien des domaines où la religion n'intervient pas. Il n'est pas réglé par le livre saint que l'on doive rouler à droite ou à gauche. Ni non plus la forme des élections. L'autonomie de l'autorité civile est un fait. On peut le nier en principe, mais on ne peut pas le réduire.

Il demeure que pour nous, et c'est la plus grande de nos conquêtes, cette autonomie de l'univers de la religion par rapport à l'univers du politique ou à celui du scientifique trace une ligne de séparation entre deux conceptions du monde, de la société et de la vie humaine. Elle est la condition du monde pluraliste dans lequel tous nous vivons et voulons vivre.

La question la plus brûlante qui découle de cette revendication de soumission, en ce premier quart du XXIe siècle, c'est le terrorisme qui se déploie en son nom. Le terrorisme, la violence fondée en religion, le djihad, il y a là une partie essentielle du malaise qui ronge la société française à propos de l'Islam.

Le terrorisme est-il étranger à l'Islam ? Il est à coup sûr étranger à la vie et à la sensibilité de l'immense majorité des musulmans qui vivent en France, concitoyens ou étrangers. Et il est pour eux infiniment blessant. Et le ressentent comme eux, l'immense majorité des musulmans de la planète, des mères et des pères de famille, qui vit le terrorisme comme une épreuve, comme une malédiction.

La barbarie qui tue, qui égorge, qui écrase femmes et enfants, des familles entières, scandalise et révolte, assomme les êtres humains, quelle que soit leur religion, bien sûr.

Ils savent aussi que les victimes du terrorisme, dans leur immense majorité, ce sont des musulmans, musulmans d'un autre pays, d'une autre branche de l'Islam, ou musulmans accusés de tiédeur et de dissidence, ou tout simplement victimes faites à l'aveugle, au nom de la violence salvatrice.

Tous savent que l'image de l'Islam est atteinte elle aussi, et ses fidèles par voie de conséquence seront montrés du doigt.

Mais tous sont mal à l'aise, car ils sentent que, aussi ténu qu'il soit, il existe un lien, comme il a pu exister un lien entre l'Église et les persécutions, et les croisades et l'Inquisition qui étaient menées en son nom.

C'est pourquoi, les jours d'attentats, ils me disent tous : « J'ai honte, je ne veux plus sortir ! » « Je ne veux plus aller au supermarché. Je ne veux plus sentir les regards sur moi. »

« Je ne veux plus sortir » signifie « Je ne peux pas manifester tout haut ma honte et mon rejet, parce que je vais encore davantage me faire mal voir, encore faire l'objet de rejet : de la part des autres parce qu'ils me savent ou me devinent musulman, ou musulmane, et de la part de mes voisins aussi, comme si je me séparais… »

Et tous reprennent cette phrase : « Ce n'est pas cela l'Islam… » Mais la phrase elle-même signifie qu'il peut être soupçonné que ce soit cela aussi.

Cette ambivalence au sein du monde musulman provoque révolte et en même temps souffrance, souffrance parce que conscience du mal présent au sein de ce que l'on est, de la tumeur qui est faite de notre chair. C'est cela l'univers quotidien des musulmans dans nos pays, et j'en suis sûr aussi des musulmans en pays musulman.

C'est pourquoi, il faut avoir le courage de le dire, la lutte contre le terrorisme qui prétend agir au nom de l'Islam doit venir d'abord de la communauté musulmane, la communauté des musulmans chez nous, et la communauté des musulmans au travers du monde. Ce sont eux qui doivent être en première ligne.

Il y a d'abord une lutte de proximité, au sein du quartier ou de la famille, l'inquiétude légitime quand on voit qu'un jeune garçon s'enferme, se tait, se mure, qu'on le voit adopter, parfois en quelques jours, les signes d'une religiosité qui se referme ou devient agressive. C'est principalement à l'intérieur du quartier, du voisinage, parfois de la famille, qu'on peut sauver des vies, écarter des risques, mettre des enfants à l'abri de la folie des autres, et aussi, en même temps, de leur propre folie.

Et il y a une lutte au sein même de la communauté des croyants au travers du monde. La responsabilité principale des autorités spirituelles du monde musulman est de combattre sur le terrain de l'Islam, d'enlever tout prétexte religieux à l'attentat, la bombe ou le camion.

C'est un combat humain et spirituel. C'est leur autorité qui est en jeu, leur science des textes. Et ce combat sera relayé par les autorités civiles qui sont si souvent elles-mêmes mises en cause.

Enfin, la guerre contre les organisations terroristes doit être conduite sur le terrain où elles se regroupent, et au niveau international en prenant soin de ne pas justifier par les excès de la guerre les représailles qui en sont un écho.

On voit ce qu'est la confrontation théorique. Mais il ne faut pas tout rapporter à la théorie. Au-delà de la théorie, il y a la vie réelle, au sein du quartier, au sein du foyer, au sein de la société. Et pour l'immense majorité des musulmans qui vivent au milieu de nous, quel que soit leur statut, le pas est fait depuis longtemps. Les principes sont en conflit. Mais la vie, la vie réelle, est ailleurs. Au-delà des oppositions de principe, il y a des femmes, des hommes et des familles, et des enfants, des adolescents qui marchent et qui se cherchent ; des femmes qui ne sont nullement soumises, et qui travaillent et rapportent l'argent du foyer ; des femmes qui partent à 5 heures du matin en laissant leurs enfants ; des hommes qui travaillent et d'autres qui font ce qu'ils peuvent ; bien des familles qui fêtent Noël, autant que leurs voisins chrétiens ; des modes de vie qui deviennent les mêmes ; des gens qui sont fiers et des gens qui craignent. Des gens qui comprennent très bien qu'il y a des religions différentes, des philosophies différentes, et souvent pas beaucoup de religion et pas du tout de philosophie. Des parents qui aimeraient simplement bien élever leurs enfants, comme les autres, et qui parfois ont du mal à le faire, comme les autres, comme tout le monde.

Il est surtout une immense majorité de musulmans qui rêveraient d'une chose : ne plus être distingués des autres, de leurs concitoyens, être reconnus en ce qu'il faut être reconnu, être ignorés en tant qu'il faut être ignoré.

Et le pluralisme, il est là aussi. À l'intérieur même de cet ensemble que la théorie voudrait présenter comme un, total, unifié, il est tant de situations différentes, qui ne savent pas vraiment s'exprimer, qui cherchent leur chemin. Tant de braves gens, et de moins braves, qui sont pris comme les grains de blé entre les meules qui ne cessent de tourner, et de broyer.

C'est pourquoi j'ai un grand doute quand j'entends asséner des vérités sur l'« Islam de France ». Il n'y a pas d'Islam de France, il y a des Islams, des multitudes d'Islams. Pluriels. Différents. Et silencieux. Il y a surtout des musulmans, tous différents, des sensibilités de l'Islam, différentes, et des femmes et des hommes, qui chacun conduisent leur vie en essayant, silencieux, trop souvent silencieux, de rendre compatibles les sentiments différents qu'ils ressentent.

L'Islam comme un ensemble, et les musulmans chacun dans leur particulier.

C'est ce pluralisme et cette réalité vécue au sein de l'Islam dont les décideurs devraient tenir compte quand ils parlent « d'organiser l'Islam de France ». L'islam est une religion qui dans sa partie sunnite est sans clergé, donc sans autorité unificatrice. Et il est d'autres sensibilités, chiites par exemple, avec bien des nuances et des traditions, toutes différentes. Et bien des sensibilités, des courants et des traditions, au sein du sunnisme et au sein du chiisme. Et des influences nationales et religieuses diverses. Et au-delà des millions de musulmans, de familles, d'associations, de voisins, différents.

La vie quotidienne des communautés qui se retrouvent dans la religion est problématique. C'est dans la vie quotidienne qu'il convient de résoudre les problèmes quotidiens, les problèmes concrets.

Il est des problèmes qui tiennent aux carrés réservés aux dépouilles des musulmans dans nos cimetières. Ces problèmes réels de la vie réelle devraient se voir réglés. Il est des problèmes liés aux lieux de culte. D'autres liés à la conduite de la prière par des imams, plus ou moins bien formés, généralement moins bien formés qu'on ne le souhaiterait.

Il est des problèmes de financement. Si l'on ne veut pas de financement extérieur, incontrôlé, il faut accepter l'idée de financements intérieurs. Si l'on ne veut pas changer la loi de 1905 (ce serait sans doute rouvrir le tonneau des Danaïdes), on doit écarter les financements d'État. Il faut donc imaginer des circuits de financement de la communauté par les membres de la communauté, sous contrôle public. Non pas des taxes, non pas des impôts, mais des contributions volontaires, favorisées par l'État et contrôlés dans leur usage. Par exemple à l'image de la contribution pour la communauté juive, liée à la garantie que la nourriture est casher, on peut imaginer une contribution semblable liée à la certification halal.

C'est dans le concret et le réel qu'on dépassera les confrontations philosophiques et théoriques qui sont pour une part irréductibles.

C'est dans la vie de tous les jours qu'on trouve une pratique de notre clé de voûte, la laïcité française.

Laïcité

La laïcité n'est pas seulement une modalité juridique, elle est le cœur d'un projet de civilisation, en ce qu'elle est la forme la plus achevée de l'acceptation de l'autre.

Elle en est la forme la plus achevée parce qu'elle s'inscrit au plus intime des convictions humaines : la croyance philosophique ou religieuse.

En ce sens, elle constitue le pilier central et la clé de voûte de la civilisation du pluralisme.

Il aura fallu beaucoup de temps pour franchir ce pas. Après la chute de l'Empire romain, plus de mille ans se sont écoulés en Occident, centrés autour d'une loi indiscutée, pour l'époque évidente : la religion du pays est religion d'État et s'impose à tous. On le dit en latin à partir du XVIe siècle : *cujus regio, ejus religio,* la religion du prince, c'est la religion des sujets. Qui s'écarte de la religion officielle trahit le pays. La peine de mort est la sanction classique en cas d'hérésie.

Le pluralisme religieux est alors l'ennemi public, il est ressenti comme un risque, comme un affaiblissement du corps social.

Les victimes sont innombrables et les bûchers sont dressés d'un bout à l'autre du monde « civilisé » de l'époque. L'argument des théologiens paraît imparable, et il est encore couramment utilisé partout où l'on pourchasse la diversité religieuse : si l'acte d'injure au souverain, de lèse-majesté, est un crime passible de la mort, à combien plus forte raison l'atteinte portée au Souverain des souverains, le Dieu vénéré ?

Ailleurs, presque partout, la menace que porte le surgissement d'une foi différente se règle par la guerre : guerre de puissance à puissance, guerre de conquête ou guerre civile. Et le vainqueur détruit les temples du vaincu, ou y installe son propre culte. Ainsi fit Mehmet II, au soir de la prise de Constantinople, le 29 mai 1453, entrant à cheval à la tête des troupes ottomanes dans la basilique byzantine de Sainte-Sophie, la consacrant aussitôt en mosquée et rendant hommage à Allah sur l'autel solennel, avant que n'y retentisse pour la suite des siècles l'appel du muezzin.

Telle était la loi du monde. Telle elle demeure sous bien des latitudes.

Cette volonté de dominer les consciences n'est pas seulement l'apanage des religions dominatrices. Il est tout aussi insupportable de vivre sous la menace d'une religion dominatrice que de supporter l'athéisme dominateur. Des centaines de millions d'hommes ont été obligés sous peine de mort, de supplices et d'écrasement, de se soumettre à cette loi. Ce fut le cas pendant les quelques années entre 1793 et 1795 où la Révolution française fit de la déchristianisation une politique totalitaire de l'État. Ce fut le cas sous les régimes, communisme soviétique et chinois maoïste, qui en firent pendant des décennies une terreur sans recours. Des millions de croyants périrent sous ce totalitarisme irréligieux, comme des millions d'incroyants ont péri sous les totalitarismes religieux.

Il est à l'honneur de la France d'avoir pris, la première dans l'histoire, le contre-pied de cette brutale domination sur les consciences. D'avoir nous, Français, comme un peuple qui façonne l'histoire pour lui-même et pour d'autres, voulu faire ce grand chemin, ouvrir cette voie nouvelle.

Honneur de la France dès le XVIe siècle. Henri IV connaît mieux qu'aucun autre les drames auxquels conduisent ces déchirements et ces haines : quand il est petit garçon sa mère, la reine de Navarre, est la figure la plus importante du camp protestant, et son père le chef militaire de l'armée catholique. L'enfant est déchiré entre les deux clans, entre les deux religions ; il a 9 ans quand son père est tué par les alliés de sa mère ; à la cour de France, de force, on le contraindra à changer de religion ; son mariage avec Margot, sœur du roi catholique, sera l'occasion d'un massacre général, un bain de sang, le jour de la Saint-Barthélémy ; enfui de la Cour, il mènera une guerre de résistance durant treize années à la tête des armées du Sud-Ouest protestant ; l'assassinat de son cousin Henri III le fait héritier dynastique du trône de France ; pour entrer dans Paris, il lui faut, après bien des hésitations, redevenir catholique, mais ce sera sans oublier ses frères protestants. Et peu d'années après, en 1598, une fois installé dans son règne, une fois les guerres gagnées et surmontées, il signera l'édit de Nantes, édit de réconciliation et de tolérance, qui sera la première législation dans le monde à faire accepter officiellement et durablement cette réalité inédite : on pourra en France avoir droit de cité, être reconnu dans tous ses droits, dans la société et dans l'État, tout en étant de religions différentes.

Quatre-vingt-sept ans plus tard, cet édit paraîtra encore insupportable par sa tolérance, par l'effort de compréhension mutuelle auquel il obligeait. Louis XIV voudra l'effacer de l'histoire et du droit. Il ignore qu'il provoque alors pour le royaume un malheur public qui fragilisera la société française, déshonorera la monarchie et entachera sa mémoire.

Il fallut la Révolution française et le siècle tourmenté qui suivra pour que, sur fond d'un anticléricalisme qui est la réaction naturelle à la volonté de domination de l'Église, se développe, avec bien des allers et retours, un droit de la laïcité qui culminera dans l'adoption de la loi de 1905, consécration de la séparation de l'Église et de l'État, affirmation de la liberté de culte et de religion et de l'égalité des religions devant la loi.

Le principe de laïcité sera enfin plus récemment reconnu comme un principe de valeur constitutionnelle.

C'est en France que ce principe est le plus radicalement défini, et que sans doute pour cette raison, il suscite le plus de débats.

La portée du principe de laïcité est souvent sous-estimée. C'est trop peu que de le restreindre aux questions religieuses ou philosophiques. Le principe de laïcité va plus loin. On peut l'élargir à l'ensemble des questions morales, aux questions d'éducation, aux questions d'opinion en général.

Le principe de laïcité est précieux en ce qu'il définit non seulement un projet de société, mais en réalité un projet de civilisation. Il annonce une société qui récuse le principe de domination qui veut que la force, la puissance, le magistère puissent courber les consciences.

Il définit la personne humaine, l'individu doté de droits, comme l'horizon indépassable de la liberté et de la légitimité de pensée. « Tu as le droit de croire ce que tu crois, d'être ce que tu es. Tu as le droit d'être différent. Ton droit est de même nature que celui dont je me réclame. Ta conviction ne te donne rien de plus, et ne te retire rien, dans tous les autres domaines de la vie en commun, notamment de la vie civique. Nous avons, toi et moi, la même légitimité à penser, à croire, à prier, à contester. Et donc, par voie de conséquence, je te reconnais comme légitime dans ta différence, et j'accepte que, différents, nous vivions sous le même toit. »

Ce qui se joue dans le principe de laïcité, c'est la société pluraliste, le renoncement à la tentation d'imposer aux autres ce que l'on est, et de résoudre le trouble né de la différence culturelle, philosophique, coutumière, par la contrainte.

Ce qui se joue et qui va encore plus loin, c'est la reconnaissance de ce principe : on peut être pleinement ce que l'on est, pleinement cohérent, pleinement engagé, pleinement fidèle, *en acceptant pleinement que d'autres suivent une autre voie.*

Autrement dit, double reconnaissance : la plénitude de son histoire, de sa conviction, est compatible avec la plénitude de l'histoire et de la conviction de l'autre. C'est ainsi que l'on peut se reconnaître comme pleinement croyant, pleinement libre-penseur, pleinement athée, musulman ou juif ou bouddhiste, sans s'amputer en quoi que ce soit, et reconnaître en même temps l'autre, le différent, sans songer à l'amputer de ce qu'il est.

Se reconnaître et vivre ensemble. Sous le même toit, dans le même village humain.

Et évidemment, cette compréhension mutuelle, cette reconnaissance symétrique, vaut non seulement pour ce que l'on croit et ce que l'on pense, pour la croyance et pour la contestation de la croyance, pour la foi et pour l'athéisme, pour la philosophie et pour les religions, mais encore pour ce que l'on est, dans son genre de vie, dans ses engagements, pourvu que chacun comprenne qu'il existe un espace commun, une maison commune, dans lequel règnent non pas les préférences personnelles, mais la loi et la coutume commune. Un espace laïque, appartenant non pas à telle ou telle catégorie, mais au peuple tout entier, *laos* en grec, dans lequel on suit la loi commune.

C'est ainsi que la laïcité à la française n'est pas une exception, trop radicale dans le monde comme il va, une survivance, au nom d'ailleurs intraduisible en aucune autre langue. Il est un projet proposé au monde, qui dépasse la juxtaposition des différences pour fonder, au-delà des adhésions et des nuances reconnues comme légitimes, un peuple commun, une maison commune.

Ce projet, nous devons le défendre.

Cette vision qui fonde le pluralisme comme clé de voûte de nos sociétés, elle a aussi sa traduction internationale. Ce sont des choses simples, aussi simples que la vie, même si elles demandent un certain courage.

La France a renoncé, c'est entendu et c'est heureux, à imposer au monde ses choix de vie. Nous savons tous que la symphonie des civilisations différentes est plus heureuse et positive que l'uniformité. C'est même une part du message français que cette idée de la diversité, et que le refus du modèle unique.

Mais nous devrions défendre, au nom de toutes les minorités, l'exigence et la certitude que, pour participer au concert des nations, nul ne doit se voir reconnaître le droit d'écraser, dans ses frontières, qui ne pense pas comme lui, qui ne prie pas comme lui.

Cette question n'appartient pas au domaine de la diversité légitime, des modes de vie différents. Elle appartient à l'oppression. Tout régime qui refuse à des minorités pacifiques le droit de croire selon leur cœur, ou de ne pas croire, le droit de se convertir, le droit de prier ou de ne pas prier devrait être exclu de l'intimité française.

Ce n'est pas l'idéal. Mais c'est un minimum moral. Ce n'est pas la revendication de l'égalité de toutes les religions devant les lois des États différents. Nous reconnaissons les pays qui ont une religion d'État. Nous ne pouvons ni ne voulons les contraindre à rejoindre notre conception. Mais nous devrions défendre, sans faiblesse, ce qui est un minimum humaniste : la liberté de conscience personnelle, la liberté de pratique religieuse dans le cercle familial et communautaire.

Un principe qui devrait être reconnu comme intangible dans le cercle des nations admises aux Nations unies : chacun des humains doit se voir reconnaître le droit de croire selon sa conscience, ou de ne pas croire, en tant que personne, à titre privé.

Plus de trente États dans le monde bafouent ouvertement ce principe. L'apostasie, la décision de changer de religion, est un crime dans plus de la moitié d'entre eux et expose à la peine de mort.

Voilà une clé : une décision à prendre pour sortir du cercle des pays qui se taisent, notamment au nom du sacro-saint commerce, au nom de la puissance financière que beaucoup de ces pays imposent à leurs partenaires. Nous pouvons décider que pour nous, pour notre diplomatie, pour nos relations internationales, c'est une ligne rouge : nous sommes le pays qui défend la liberté de penser, de croire ou de ne pas croire ; et en particulier, nous sommes le pays qui n'admet pas chez ses partenaires le crime d'apostasie, et spécialement qui ne peut pas accepter la peine de mort pour apostasie.

On est là devant un principe que nous avons nous-mêmes déclaré intangible, mais en réalité dont la pratique montre que nous nous moquons comme de la première chemise de Clovis. Cesser de nous bafouer nous-mêmes, c'est un pas dans la direction de la réévaluation de ce que nous sommes, ou de ce que nous prétendons être.

Ce n'est pas s'immiscer, ce n'est pas de l'ingérence à tout bout de champ. C'est une manière de circonscrire l'essentiel, de l'entourer de rouge, pour qu'il soit clair aux yeux du monde que nous ne sommes pas un pays ordinaire, un pays qu'on achète.

Le principe de laïcité est pour la France, et un jour pour le monde, la condition même du retour à l'unité.

L'indispensable volonté sociale

La défense de l'unité sociale, de l'unité de la société en ce qui tient aux conditions de vie, la recherche de l'inclusion, et la lutte contre l'exclusion, tout cela qui a fait le fond du débat public pendant tout le XXe siècle paraît aujourd'hui passé aux oubliettes.

Société d'inclusion, contre société d'exclusion. Recherche d'unité contre acceptation d'inégalité. Régulièrement, notamment à droite ces dernières années, on entend condamner l'« égalitarisme » comme un mal, comme l'idéologie à abattre.

L'évolution du monde va dans le même sens : c'est l'acceptation, tacite ou explicite, des projets de société fondés sur la croissance continue des inégalités, comme une fatalité, ou comme la conséquence inévitable du dynamisme économique. Parfois même, la condition souhaitable de ce dynamisme. Ce projet des « inégalités croissantes » semble s'être imposé comme la loi naturelle des temps nouveaux.

On comprend le présupposé qui sous-tend ces choix. Il suffit d'imaginer que la société est un train, tiré par des « locomotives », que la vitesse du train dépend de la puissance des locomotives et que, par voie de conséquence, tout ce qui permet l'accélération des locomotives est bon pour le train : argent, privilèges, récompenses, décorations. Ainsi, l'idée émise depuis dix ans que la « réussite », c'est la réussite matérielle, que la Rolex est la marque décisive d'une vie réussie, ou qu'on « a besoin de milliardaires », qu'il est bon que les jeunes « veuillent devenir milliardaires », tout cela participe de cette idéologie souterraine.

Dès lors, la valeur d'égalité, égalité des droits, égalité des chances, est ressentie comme un frein pour les supposées « locomotives » et donc réputée nuisible pour le convoi social dans son ensemble.

C'est une idéologie simpliste, mais c'est l'idéologie dominante du temps. Ce fut d'ailleurs une idéologie qui tenta de dominer de tout temps, mais la résistance avait greffé sur le projet national une part d'idéalisme qui interdisait de balayer d'un revers de main le souci des moins favorisés. Notamment, cet idéalisme fut le ciment du projet du Conseil national de la Résistance.

La mode dans des milieux d'influence est de moquer ce projet, parfois même de le choisir comme cible, tant il est, de fondation un projet de Résistance, non pas seulement à l'idéologie nazie, mais à toutes les idéologies de domination de l'homme par l'homme, de l'homme par la force, et singulièrement de l'homme par l'argent.

Ce que nous vivons, c'est la défaite de la communauté face à l'individualisme. On aurait dit autrefois de l'individualisme bourgeois.

Or nous croyons qu'un peuple est plus fort s'il avance uni. Nous croyons qu'un peuple est plus fort si la question qui se pose à lui est celle de sa marche en avant, sa marche commune, sa marche de peuple dans toutes ses composantes, sa marche en avant de peuple uni. Nous croyons qu'un peuple est plus fort s'il regarde les défis qui se présentent à lui comme des défis communs, des défis qu'il doit relever ensemble, et pas des défis pour une partie des siens, singulièrement pas pour la partie la plus favorisée des siens.

Nous croyons qu'un peuple est affaibli, durablement et intensément, lorsqu'il est conduit à se fracturer, économiquement, socialement, culturellement.

C'est pourquoi cette question, exclusion *vs* inclusion, le combat pour faire entrer le plus grand nombre possible d'individus et de familles au sein d'une société solidaire, c'est bien la question centrale de notre avenir. Le projet d'inclusion, sociale, civique, culturelle, est précisément le projet fondateur de notre pays.

On sait bien que c'est un objectif, que cet objectif ne s'atteint pas facilement. On connaît toutes les difficultés, tous les obstacles, toutes les entraves. On n'est pas naïf, on est même réaliste. Mais au moins on ne cède pas sur le but à atteindre.

Nous serions des citoyens de courte vue si nous estimions que cette affaire n'est qu'une affaire française, qu'une affaire hexagonale. C'est un combat partout dans le monde. Parfois ce combat prend des formes baroques, qu'on a peine à identifier : le Brexit, la décision du référendum britannique de quitter l'Union européenne, l'élection de Donald Trump, l'échec du référendum de Matteo Renzi en Italie, et sa démission consécutive, relèvent peu ou prou de cette immense question non résolue. Relèvent peu ou prou d'une immense et amère dissidence face à la société d'inégalités galopantes. Un rejet du monde des puissants et de la connivence qui les unit.

Le Brexit, c'est une révolte contre les conditions de vie ressenties comme imposées par une « élite » privilégiée, économique, sociale et culturelle, volontiers mondialisée, qui paraît faire litière des valeurs de fondation qui faisaient, pour une partie du peuple britannique, le monde compréhensible et maîtrisable.

L'élection de Trump, c'est la révolte et le rejet rageurs contre le monde de Mme Clinton, le monde universel, la jet-set, et l'intimité avec Wall Street. Et que le bénéficiaire de cette révolte soit le plus milliardaire des deux, est un paradoxe et une tromperie sans doute, mais les dérapages mêmes de Trump lui ont servi de viatique et d'attestation, de suffisant certificat de vulgarité, pour garantir qu'il n'appartenait pas à « la caste ».

Et l'échec de Renzi, c'est la révolte du Sud, du Mezzogiorno d'immémoriale exclusion, contre le Nord prospère et familier des pouvoirs. Il n'y a pas d'exclus que dans le Sud italien, bien sûr. Mais les exclus de toute l'Italie ont voté « non », en attendant de poursuivre le chemin le plus improbable, et le plus chaotique, autour d'un Beppe Grillo.

Ce n'est pas la première fois, bien sûr, que tout cela se rencontre dans l'histoire : nous devrions nous souvenir que la dernière fois, dans les années 1930, c'est le pire du pire qui en est issu.

La société d'inclusion, l'égalité républicaine des droits et des chances, c'était le projet commun des Français dans le demi-siècle de l'après-guerre.

Pour moi, c'est un projet de brûlante actualité. Pour deux raisons dont « chacune des deux est suffisante seule », ainsi que l'affirmait fièrement Cyrano.

La première est que la société d'exclusion, la société des inégalités croissantes, est génératrice d'angoisse pour la partie la plus large de la société. Les parents pensent – ou savent – que leurs enfants n'iront pas plus loin qu'ils ne sont allés eux-mêmes ; et même qu'il existe un grand nombre d'hypothèses pour que leur situation relative régresse par rapport à celle de leurs parents. Or il n'y a croissance que s'il y a confiance, confiance en soi, dans sa famille, et confiance dans le pays, dans sa justice et sa justesse. Sinon, les économistes connaissent bien ce mécanisme, l'activité du pays se réduit, dans ses deux composantes : les investisseurs n'investissent plus, sous la pression d'anticipations négatives, et les consommateurs ne consomment plus, ou moins, puisqu'ils craignent l'avenir, et qu'il leur faut d'urgence épargner.

Et la deuxième raison qui paraîtra sentimentale est que ceux-là, à qui les chances que nous avons connues ne sont plus offertes, ceux-là, ce sont les nôtres. Ce sont les miens : les ouvriers, les paysans, les chômeurs, les fonctionnaires de base, ceux qui ne sont pas nés du bon côté de la barrière, pas avec la bonne cuillère dans leur bouche de nourrissons. Tous ceux qui ont cru pendant longtemps à ce mythe, qui était dans bien des cas une réalité, que l'on pouvait progresser à la force du poignet, progresser par l'école, par les examens et les concours. Qui ont cru, au fond, qu'il existait une justice immanente, qu'on pouvait s'en sortir en se battant, en se débattant. Qu'il ne s'agissait que de bien former ses lettres, de bien apprendre les tables de multiplication. Ou si l'on était élève distrait, si l'on regardait ailleurs pendant les cours, qu'il y avait toujours un maître, un instituteur ou une institutrice, qui remarquerait l'esprit original à défaut d'être assidu. Autrement dit, que le système social était ouvert.

Je refuse d'abandonner cet idéal.

Vous pouvez me seriner sur tous les tons, me présenter toutes les statistiques pour m'expliquer que tout cela n'est plus de saison, je siffle vos refrains et je mets à la poubelle vos statistiques et les démonstrations qui vont avec : je veux le monde juste et ouvert ! Je veux le monde juste pour ceux qui ne savent pas très bien ce qu'est le monde et dans quelles universités (de préférence américaines) il est préférable de négocier son MBA.

Je refuse de considérer que notre société est faite de méritants, d'un côté, et d'assistés, de l'autre. Je refuse qu'on considère que c'est un grand privilège que de pouvoir cumuler un RSA et une allocation logement. Et que donc tous ceux-là sont à poursuivre, et qu'il faut lancer des armées d'enquêteurs pour vérifier leur compte en banque, si par hasard ils ne sont pas interdits bancaires. Et que parallèlement, au même moment, il est urgent de supprimer l'ISF. Je pense qu'on a le droit d'envisager de supprimer l'ISF, même si je crois que des adaptations seraient plus convenables, et aussi utiles. Mais je refuse qu'on mette sur le même plan la mise en accusation urgente des chômeurs et des allocataires de minima sociaux, et la défense urgente de ceux qui ont la chance, par leur carrière, ou plus encore par la naissance, d'être à la tête d'un important patrimoine. Je veux bien qu'on pose des questions. Mais je refuse les réponses indécentes.

Je pense que le grand combat des décennies qui viennent, c'est le combat des tenants de l'inclusion contre ceux qui acceptent, ou justifient, ou sont indifférents à l'exclusion.

Non pas seulement le grand combat national français, mais le grand combat mondial. Le grand combat mondialisé, partout sur la planète, dans lequel la France a un rôle éminent à jouer : le rôle des résistants, ceux qui refusent de se rendre, et le rôle d'éclaireur, d'avant-garde, comme toujours. Comme toujours, en tout cas, depuis que ce combat a été abandonné sur la terre des libertés que furent si longtemps les États-Unis d'Amérique.

« L'inclusion sociale consiste à faire en sorte que tous les enfants et adultes aient les moyens de participer en tant que membres valorisés, respectés et contribuant à leur communauté et à la société[1] », écrit la fondation canadienne qui défend ce projet au travers de la promotion des jeunes.

On voit bien ce que sont les moyens de cette valorisation et de ce respect.

Il y a d'abord les conditions matérielles de la vie. Pour ceux qui travaillent, un salaire décent. Et donc une capacité de résistance politique au mouvement de dévaluation du travail. Je demande que l'on résiste à la logique perpétuelle et presqu'universelle qui consiste à payer moins le travail au prétexte qu'ainsi il se multipliera. Je demande que l'on défende le droit du travail à être convenablement payé. Spécialement en France.

Je veux bien qu'on pose la question du coût du travail. C'est une donnée réelle. Mais je ne confonds pas la question du coût du travail et la question du revenu du travail.

J'ai brisé bien des lances dans le combat sur les heures supplémentaires par exemple. Depuis des années, l'effort

1. Laidlaw Foundation.

de l'idéologie dominante est de baisser, sous des prétextes toujours vertueux, la rémunération même des heures supplémentaires. Or la prime que reçoivent les heures supplémentaires, 25 % autrefois, est un des seuls moyens dont dispose un salarié vaillant, relevant du régime des heures laborieuses, pour améliorer ses fins de mois, pour faire des économies, pour une dépense exceptionnelle. Et pour montrer aux siens la valeur de son effort.

Depuis des années, l'obsession de l'idéologie dominante a été de ramener cette prime le plus près possible de zéro. D'abord à 10 % au lieu de 25 %. Et puis, si possible à rien. Il y eut même une crise gouvernementale lorsque le Premier ministre Manuel Valls résista au ministre de l'Économie Emmanuel Macron et refusa de réduire à zéro la prime due.

Le mécanisme que nous avons à débloquer est simple : que quiconque ayant la possibilité et l'envie de travailler au-delà de la durée légale du travail puisse bénéficier de ce surcroît de revenu, gagné par ses efforts, sans générer de charge supplémentaire pour l'entreprise. Le seuil des 35 heures sert à cela aujourd'hui ; non plus à partager le travail, comme quand il fut institué, provoquant bien des chocs et des inconvénients, mais bel et bien à fixer le seuil de déclenchement des heures supplémentaires.

La possibilité d'améliorer son revenu par son travail, c'est un bienfait. Mais il faut que l'amélioration soit notable ! Il faut que le travail vaille la peine !

Et il faut en même temps que l'entreprise n'en soit pas pénalisée. Rien n'est plus simple : il suffit que la prime pour heure supplémentaire (je propose qu'on la fixe à nouveau à 25 %) soit déduite des charges à payer sur cette heure de travail.

Pour parler à très grands traits : si une heure de travail est payée 15 euros au salarié, elle coûte à l'entreprise autour de 30 euros ; s'il s'agit d'une heure supplémentaire, elle rapportera, selon la règle que je propose, quelque 19 euros au salarié. Si les charges sont ramenées à 11 euros, pour l'entreprise cette heure travaillée coûtera toujours 30 euros. Exactement le prix d'une heure normale. L'entreprise n'aura pas de coût salarial supplémentaire, mais le salarié verra son travail nettement revalorisé.

Cette exonération partielle coûtera-t-elle aux caisses d'assurances sociales ? Je ne le crois pas car le système actuel, rigide et peu rémunérateur, empêche beaucoup d'heures supplémentaires de se faire.

Je suis persuadé que ce système simple et attractif encouragera à mettre en place au moins 30 % d'heures supplémentaires nouvelles. Ce qui permettra de garantir un montant de cotisations égal et même supérieur au montant antérieur. Car la conduite des peuples, ce n'est pas de l'arithmétique, c'est de la dynamique.

Il faut ajouter une question : le système de rémunération du travail supplémentaire proposé est-il juste ? Pour moi, assurément. Il rend de la reconnaissance concrète au travail. Il invite à le multiplier. Et surtout il est équitable pour le salarié qui a, avec ses 35 premières heures, assuré sa pleine part de cotisation pour assurances sociales.

Cela me permet au passage de proposer une nouvelle vision de la feuille de paie. J'avoue n'avoir jamais compris la différence entre charges salariales et charges patronales ! Ces charges, à mes yeux, sont exactement de même nature : toutes sont imputées sur le salaire réel du travailleur, et toutes sont acquittées par l'entreprise. Alors pourquoi cette différence ? Je présume qu'il s'agit par cette distribution artificielle de garantir le droit pour les salariés et les employeurs de participer à la gestion de notre système d'assurances sociales. Rien n'est plus simple que de partir de ce besoin et de reconnaître un droit égal aux deux représentations syndicales et patronales de participer à cette gestion ! Un droit irréfragable, comme on dit chez les spécialistes, c'est-à-dire que nul ne pourra mettre en cause dans l'avenir, alors même que beaucoup de propositions politiques envisagent d'étatiser purement et simplement cette gestion.

Pour l'employeur et pour le salarié, la feuille de paie en sera immédiatement simplifiée, quelques lignes seulement : chacun pourra percevoir la réalité de l'effort, et encourager, poussé par la nécessité, à la meilleure gestion possible.

La reconnaissance par la rémunération est loin d'être la seule à rechercher. Je suis frappé par la souffrance au travail de nombre de salariés, par le sentiment qui les ronge de n'être pas reconnus dans leur travail ou d'être maltraités dans leur personnalité. Les relations hiérarchiques en particulier, mais aussi les relations entre collègues, sont souvent en cause.

C'est particulièrement vrai au moment des restructurations : on l'a vu dans nombre d'entreprises, privées aussi bien que publiques.

Dans mes responsabilités de maire et de président d'une agglomération comptant plus de 2 800 salariés, j'ai pris la discipline de recevoir personnellement et sans rendez-vous, chaque mois, sans aucune considération hiérarchique ou de statut, tous ceux des collaborateurs qui le souhaitent, directement. Inutile de s'annoncer : qui vient est reçu. J'ai beaucoup appris dans cet exercice, du travail, de la manière dont s'exprime l'autorité, de l'immense besoin d'être regardé différemment, de pouvoir changer d'emploi si on le souhaite, de proposer des idées et que ces idées si elles sont prises en compte soient attribuées à leur véritable auteur.

À la suite de ces si nombreuses rencontres, j'en suis venu à conclure que la plupart des mythes malveillants qui courent, dans le public et dans le privé, sur le mauvais vouloir des femmes et des hommes au travail, particulièrement dans la fonction publique, sont presqu'absolument infondés.

Je crois que la difficulté à communiquer, dans les deux sens, du supérieur vers le collaborateur ou du collaborateur vers le supérieur, le manque de considération ressenti, à tort ou à raison, la fatigue du travail répétitif, l'impossibilité à écrire un avenir différent que celui que promet le statut, ou de changer simplement l'organisation de sa vie au travail, tout cela concourt au mal-vivre au travail.

La preuve, quand on décide de prendre en charge ces questions, même si c'est sans brio particulier, un certain nombre de symptômes, comme l'absentéisme, s'effacent ou s'amoindrissent. Chez nous, nous sommes passés en deux ans de 15 % d'absentéisme à 9 %. Et j'ai la certitude que ce n'est pas fini…

Tout le monde a besoin de reconnaissance, de place dans la société.

Tout le monde a besoin *également* de reconnaissance et de place dans la société.

Je n'ai jamais approuvé les propositions qui tendent à faire sauter les règles du salaire minimum pour les jeunes par exemple. On a l'impression qu'un effort perpétuel est déployé pour imposer l'idée que le travail est toujours trop payé. Le salaire, c'est la reconnaissance du travail. Que l'on apporte une aide ponctuelle pour baisser temporairement le coût du travail, cela peut être utile. Mais baisser le revenu, le salaire réel, c'est mettre en cause la valeur de l'effort.

Et cette question va au-delà des conditions de travail. Il y a bien des manières de refuser la reconnaissance, d'aller vers l'exclusion, ouvertement ou discrètement.

Ne pas recruter de femmes, ou avec un statut désavantagé, parce qu'elles ont la perspective d'être enceintes, ou d'avoir, les jours de maladie, à s'occuper de leurs enfants, c'est de l'exclusion.

Faire de l'origine un critère implicite du recrutement, c'est de l'exclusion.

Prendre en compte l'aspect physique selon un jugement esthétique de bien-pensant, c'est de l'exclusion.

Ne pas aider à l'entrée dans le travail de ceux qui souffrent de handicaps, c'est de l'exclusion.

De tout cela, nous sommes redevables, pas seulement devant notre conscience pour ceux qui prétendent en avoir une, pas seulement devant les droits de l'homme que nous sommes censés respectés. Nous en sommes redevables devant notre pays, parce que nous choisissons consciemment ou inconsciemment de le fracturer, au lieu de servir ce qui le soude et le rend plus fort.

Reste que l'organisation de la solidarité mérite des changements substantiels, pour que ses budgets soient équilibrés, et que les garanties qu'elle propose soient améliorées.

Car on peut obtenir l'un et l'autre, l'amélioration en même temps que l'équilibre budgétaire. Et même on peut obtenir l'un par l'autre, l'équilibre budgétaire par une organisation nouvelle.

Je plaide depuis longtemps pour une reconstruction de notre système de retraites, reconstruction qui doit prendre le temps nécessaire, peut-être dix ans, mais qui doit conduire à remplir un double objectif : d'une part, offrir un droit à la retraite à la carte, au choix de l'assuré, avec souplesse et en tenant compte de la pénibilité du travail, car ce n'est pas la même chose une année de travail physiquement éprouvant ou une année de travail intellectuel valorisant, par exemple. Un système qui soit même capable de prendre en compte d'autres engagements dans la société. Ce choix conduit à accumuler des droits, connaissance précise à chaque instant du niveau de la pension garantie par ces droits, par ces points, et donc possibilité de choisir, à sa convenance, l'âge réel de son départ à la retraite.

Cette organisation est beaucoup plus souple et beaucoup plus juste que le couperet du départ à la retraite au même âge pour tout le monde, quel que soit le type de travail que l'on a effectué.

Deuxième avantage : c'est un système d'assurance retraite qui est par nature équilibré, puisque l'on sait à l'avance combien on a à répartir. Ce n'est pas l'État qui gère cette organisation des retraites, ce sont les partenaires sociaux, de manière que nul ne soupçonne des influences partisanes, ou des intérêts particuliers de catégories particulières.

Cette organisation souple porte parfois dans le débat des noms compliqués, « régime à comptes notionnels » par exemple. Il revient seulement à ce que tous les assurés aient un compte épargne-retraite approvisionné tout au long de la vie en fonction des cotisations versées et de la pénibilité de la tâche.

Pourquoi, si cette organisation montre de tels avantages, prévenir qu'il faudra une décennie pour la mettre en place progressivement ? Parce que les grands changements prennent du temps, parce qu'il faut qu'ils entrent dans les esprits. Enfin parce qu'il ne faut léser personne : en particulier, les assurés qui bénéficient de régimes spéciaux, avec qui le contrat de recrutement était clair et à l'égard de qui des engagements formels ont été pris, doivent être certains que l'on respectera leurs droits. Avant que tous, progressivement, bénéficient des mêmes droits.

Je plaide pour la souplesse, qui est un réalisme.

Je pense par exemple que l'on peut, en faisant des économies, offrir de meilleures garanties de sécurité.

Deux exemples : je pense nécessaire – je défendais cette idée dès 2006 – de sortir du maquis des droits ouvrant à des allocations innombrables, très dispendieux en gestion et que les assurés ne savent pas mettre en œuvre, pour entrer dans un système d'allocation sociale unique, servie, calculée et vérifiée par un seul service. Chaque droit est pris en compte, quoté, et l'addition de ces droits donne le montant de l'allocation ouverte à l'assuré : le handicap, le logement, le minimum social, tout cela est regroupé et l'on sort du labyrinthe, à moindre frais et avec plus de justice.

De la même manière, on coupe des droits à des personnes, à des aides diverses, à partir du moment où elles décident de vivre avec quelqu'un d'autre. La solitude est le pire ennemi, la solitude désespère et la solitude coûte cher, en maladie, en désespoir d'être. Donc, des femmes et des hommes qui voudraient mettre en commun le peu qu'ils ont, sont obligés de rester seuls pour continuer à toucher les aides qui ne leur suffisent pas. Vivre avec 750 euros, c'est la misère, mais vivre à trois avec 2 250 euros, c'est vivre ! Mais la loi est que c'est interdit ! Il suffirait de considérer que ces rapprochements de vie sont souhaitables, et d'amputer de 10 % ou de 15 % les aides apportées pour tenir compte de la situation nouvelle, et tout changerait. La solitude reculerait, la solidarité deviendrait une pratique habituelle, et la collectivité ferait des économies !

Pour cela il faut sortir du maquis des textes et des normes. Les Caisses d'Allocations Familiales doivent appliquer, m'ont dit certains de leurs responsables, quelque 22 000 normes, lois, règlements, circulaires de toute nature. 22 000 ! Pour un seul service de notre protection sociale.

La souplesse est la condition de l'efficacité et l'efficacité peut devenir la condition de la générosité réelle.

C'est toute une vision différente de l'architecture de notre organisation sociale qui est ici décrite. C'est un enjeu de long terme, enjeu à la fois de survie de notre système de solidarité et de droits nouveaux, et réels, pour les Français.

C'est en quoi l'unité du pays, cette dimension de notre avenir comme peuple, comme nation, est étroitement liée à la vocation sociale que nous nous sommes donnée.

Une proposition d'unité, le service universel

L'idée d'une communauté nationale unie, idée qui a tant fait pour la force de notre histoire, se délite. Nous traversons bien sûr de rares moments d'euphorie, généralement autour des événements sportifs, ou de communion, généralement dans les grandes manifestations de protestation, comme au lendemain des attentats. Mais ces grands mouvements d'émotion s'effacent souvent aussi vite qu'ils sont nés.

Les grandes institutions de production du sentiment national sont soit abolies, soit en crise durable. L'école par exemple ne donne plus l'assurance de l'égalité des chances. Nous ne nous résignons pas ! Mais nous ouvrons les yeux.

Le processus de relégation est en marche. L'intégration des jeunes d'origines différentes ne se fait plus, ou se fait très mal. C'est particulièrement spectaculaire dans les « quartiers », où se concentrent difficultés sociales, difficultés culturelles, questions d'identité. Mais c'est vrai aussi dans les secteurs de nos villes plus privilégiés. Car le mélange, la mixité, la rencontre ne sont pas souhaitables seulement pour ceux qui ont du mal à trouver leur place. Ils le sont aussi pour ceux qui ont toute leur place, reconnue et confortable, et ont pareillement besoin de découvrir d'autres horizons.

Les échanges entre jeunes, entre quartiers, il faut les retrouver. Ces échanges sont positifs pour tout le monde, car tout le monde gagne à sortir de son milieu d'origine, à voir le monde autrement qu'à l'habitude.

C'est ce que je défendais déjà au moment où fut supprimé le service national sous sa forme militaire, que je proposais de remplacer par un service civil : si l'on ne pouvait conserver en l'état le service national, en raison de l'évolution du format et des missions de nos armées, au moins conserver ce lieu de brassage, avec une vocation polyvalente.

Mais aujourd'hui, la question se pose de manière bien plus aiguë encore.

C'est la société tout entière qui est saisie par le constat de son impuissance face à ses propres insuffisances.

Qui sort de l'école sans le bagage minimum pour affronter la vie ? Qui se retrouve au chômage, sans recours ? Quels sont les milieux les plus exposés aux dérives de la délinquance et du radicalisme ? Et quels sont les recours lorsque doivent être assumées les mille missions de surveillance, de sécurité, de service, dont une société développée a si souvent besoin ? Et qui peut venir en aide aux plus jeunes lorsqu'ils ne fréquentent plus ni l'école, ni aucune autre activité sociale ?

Ainsi la société et le pays tout entier se trouvent désarmés, sans le moindre canal pour rejoindre des générations entières et pour les faire se rejoindre.

Les réponses jusqu'ici avancées, empreintes de bonne volonté, sont dérisoires par leur effet. Moins de 5 % des jeunes y ont accès, et encore ne s'agit-il pas forcément de ceux qui en auraient le plus besoin.

Ma conviction est qu'on ne trouvera pas d'issue par des propositions purement symboliques ou homéopathiques. La France a besoin de recréer un lien puissant à l'intérieur d'une génération, d'organiser un brassage, et de rendre ce moment de vie formateur et utile pour la société tout entière.

Ce n'est pas une décision de second ordre : c'est une décision déterminante qu'il faut prendre, s'adressant au public le plus large, permettant de se faire entendre de lui, et de l'entraîner à des attitudes civiques qui lui sont, au départ, étrangères.

La mise en œuvre d'un service civique universel, à vocation civile et de sécurité, s'adressant en même temps aux garçons et aux filles, est une proposition à la dimension du défi que doit affronter la nation.

J'insiste sur « universel ». Le service militaire d'autrefois avait peu à peu été déserté, avec l'assentiment discret des autorités, par la majorité des jeunes. Les filles, sauf cas particulier, n'y étaient pas soumises. Et ensuite tous les jeunes qui bénéficiaient de quelque relation et de quelque facilité trouvaient aisément le moyen de le fuir. Sous les meilleurs prétextes, on s'arrangeait pour leur fournir une organisation particulière, par exemple dans des quartiers réservés ou à l'étranger.

Je pense que nous devons nous interdire ce genre de pratique élitiste. Tous, c'est *tous*, garçons *et* filles, sans dispense, sauf dans des cas minoritaires de problèmes spécifiques de santé, ou pour raison de soutien de famille par exemple.

Tous les autres doivent être appelés, pour participer ensemble à la tâche nationale, et recevoir en même temps l'attention et la formation que la nation leur doit. Tout cela avec un petit pécule, assuré par le grand nombre de structures qui ont besoin de renfort et de soutien.

Donner confiance, détecter des talents et des difficultés particulières, leur proposer une formation à des sujets importants pour leur propre vie et pour la vie de la nation, sans que nul n'en soit exclu, c'est une œuvre adaptée à notre époque et à notre pays.

L'appel au service, idéalement au sortir de l'enseignement secondaire, pour ceux qui atteignent ce stade de leurs études, avant l'entrée à l'université, sera un moment de mûrissement personnel.

Si l'on adopte cette idée, alors il faut le faire jusqu'au bout, et de manière sérieuse. La formation initiale sous un uniforme national (car l'uniforme apportera en identité et en fierté pour la mission), avec une période de « classes », un contact avec l'autorité, qui permettra de transmettre une formation civique, et des compétences utiles pour tous.

Exemple de compétences : une formation universelle au secourisme, aux situations d'urgence, à la vigilance et à l'intervention ; par exemple aussi une information sur la vie de la nation, une éducation civique adaptée non plus à l'enfance mais à l'entrée dans l'âge adulte ; une incitation à l'organisation, qui fera découvrir à tour de rôle l'obéissance et le commandement ; par exemple une formation au Code de la route pour tous, car il est un âge et des milieux sociaux où la question du permis de conduire est presqu'insoluble.

Et quant aux tâches de service à assumer, pour rendre la société plus généreuse, plus présente aux côtés de ceux qui en ont un immense besoin, elles sont innombrables.

Les écoles et les collèges ont besoin de la présence de jeunes auprès des enfants, les hôpitaux ou les maisons de retraite, la surveillance et l'animation des villes, l'encadrement de manifestations diverses, le soutien aux associations, la participation et l'initiation à la communication sociale, le soutien à apporter à l'organisation des services publics, autant de services qui seront à la fois soutien et initiation.

Pour ce qui est de l'épanouissement personnel, le repérage des situations d'illettrisme, avec la remédiation adaptée, ou les difficultés psychologiques, en tout cas le contact avec les autres, dans un cadre valorisant mais non sélectif, tout cela doit apporter, infiniment plus en tout cas que le « rien » dont nous avons fini par nous accommoder.

Pour donner un ordre de grandeur, l'agglomération de Pau compte plus de 160 000 habitants. Il s'agit de proposer une large série de services adaptés aux besoins civiques et sociaux de la cité pour environ 500 jeunes[1]. Les services que j'ai décrits, publics, scolaires, associatifs ou sociaux représenteront immédiatement plusieurs centaines de demandes.

1. Une génération, c'est environ 700 000 jeunes Français. Si le service dure un semestre, 350 000 d'entre eux seront appelés en même temps, soit proportionnellement 3 500 pour le département des Pyrénées-Atlantiques et 800 pour l'agglomération. Une fois rempli le temps des classes obligatoires (six semaines environ), ces centaines de jeunes pourront répondre aux immenses besoins de solidarité et de présence se feront jour, pour aider tout simplement leurs compatriotes.

Le coût pour la nation sera-t-il important ? Sans doute oui. On estime ce coût à un montant de l'ordre de 3 ou 4 milliards d'euros. Mais beaucoup de budgets de la nation ouvrent des marges de manœuvre, bien au-dessus de ces chiffres. Les missions de sécurité, les missions d'éducation et les budgets sociaux, d'éducateurs par exemple, représentent plusieurs centaines de milliards. Les services nombreux qui pourraient être pris en charge par ces jeunes formés rendraient d'immenses services dans chacun de ces domaines d'action. Et, quoiqu'il en soit, il faudra bien trouver ces marges de manœuvre, car le vrai coût pour la nation, celui qu'on ne sait pas chiffrer c'est celui de l'impuissance devant les dérives dont on découvre tous les jours l'ampleur et la menace.

Je me refuse à rester les bras ballants devant le spectacle quotidien de la décomposition civique, sociale et culturelle de notre pays.

L'ÉNERGIE

L'énergie d'un peuple est un phénomène mystérieux.

À certaines époques, cette énergie s'épuise. À d'autres moments, elle se ressaisit et se mobilise. Après les temps de destruction, quand il s'agit d'entrer dans une ère nouvelle, on la sent renaître. Alors, elle envahit tous les aspects de la vie : les « trente glorieuses » ont été pour la France à la fois une période de croissance économique sans précédent et une période de natalité flamboyante, le « baby-boom ». Mais ce n'est pas une règle générale : la guerre de 14-18 n'a pas éveillé le pays, sans doute en raison de l'atteinte impossible à cicatriser qu'avaient infligée à la nation la mort de plus d'un million de garçons et de jeunes hommes, et la gravité des blessures qui handicapaient deux millions de leurs camarades.

Depuis des années, la France paraît épuisée.

Tout est lié : l'absence d'énergie fragilise l'unité du pays et sa place dans le monde. Nous apparaissons aux yeux de beaucoup, vu du reste du monde, et aux yeux de nos enfants eux-mêmes comme un pays exténué. Chez nous, l'épuisement économique par exemple empêche que soit répondu comme il se doit à la recherche d'une équité sociale dynamique.

Les décisions à prendre pour que se retrouve l'énergie dont nous avons besoin dans le domaine de l'économie, de l'éducation, de la sécurité, devront être, si nous sommes conséquents, un sujet essentiel du débat national.

L'énergie économique

L'économie ressemble à la vie. Elle ressemble même à la nature.

Tracer un plan qui remette l'économie française sur son chemin, lui donner l'élan nécessaire pour qu'elle trouve une confiance nouvelle et un rythme nouveau, c'est un des principaux enjeux des années qui viennent.

Il n'est pas besoin de gloser sur l'échec de la décennie passée. La place de la France dans la compétition économique mondiale, notre commerce extérieur, l'allant des entreprises, le chômage devenu endémique, chacun de ces échecs signe le bilan de la décennie triste. Ce qui est stupéfiant, c'est qu'en dépit du changement de Président, de gouvernement et de majorité, la dégradation s'est poursuivie exactement au même rythme : les courbes qui permettent de mieux saisir les mouvements n'ont connu aucune inflexion.

Politique dite « de droite », et politique prétendue de gauche, rien n'y a fait : comme un navire qui court sur son erre, notre pays n'a pu améliorer sa situation sur aucun des points annoncés. Parfois, ici ou là, telle mesure opportuniste, emplois aidés par exemple, décidée et financée en vue des élections prochaines, a pu faire illusion quelques semaines, rarement plus.

Dans l'ensemble, chaque jour a vu s'aggraver la situation de la veille.

Pourtant (quand on fait le bilan de la situation de la France, on est toujours obligé d'écrire « pourtant », tant le réel contraste avec le possible), pourtant nous avons des chances et des armes. Nous ne les jouons pas, nous ne savons pas les mettre en batterie.

Seul le changement de l'action politique pourra y parvenir.

Il faut donc arrêter une ligne de conduite, définir les grands choix qui donneront à la société française les clés du nouveau cycle dans lequel elle doit entrer. La puissance publique doit aborder cette question avec des convictions nouvelles et originales.

D'abord celle-ci : l'État n'est pas la clé universelle. Cette déclaration d'humilité corrigera peut-être un certain nombre des travers de notre pays qui demandent à l'État de faire le démiurge tout-puissant à chaque nouvel accident économique.

Il n'est pas du ressort de l'État de créer l'économie. Ce n'est pas de son *ordre.* L'économie, pour l'essentiel, dépend du risque que prennent ou ne prennent pas les acteurs économiques, de la disposition du capital, de la capacité du monde de la recherche, de l'inventivité des techniciens, du climat social et du climat des affaires. Tout ce que l'État ne peut pas créer à partir de rien.

Mais il peut le favoriser, car la confiance dans l'avenir dépend en partie de lui.

Or la confiance dépend de deux facteurs : la pertinence des cadres juridiques, fiscaux et moraux définis pour l'action économique, et leur stabilité dans le long terme pour que chacun des acteurs soit assuré des meilleures conditions pour sa prise de risque. Autrement dit de la justesse de la pensée, et la maîtrise du temps. Ce sera d'autant plus important que les acteurs économiques, du plus petit au plus grand, ont été gravement échaudés par la décennie précédente.

La principale responsabilité de l'État, c'est donc le biotope, comme on dit en biologie, le terrain, l'air et l'eau qui permettent aux plantes de pousser.

Vaclav Havel parlant des impatients en politique a eu un jour cette superbe image : « Ils sont comme ces enfants qui pour faire pousser les arbres plus vite leur tirent sur les feuilles ! » Les arbres ne poussent pas parce qu'on leur tire sur les branches. Ils poussent parce que le terrain sur lequel ils sont enracinés est favorable, bien composé, irrigué et nourri, bien drainé, que les conditions de température et le régime des vents sont favorables, et que la lumière qui leur est dispensée est généreuse. Si le sylviculteur passe son temps à bêcher, à retourner la terre, à transplanter le jeune tronc, à le poursuivre pour le tailler, il n'y a aucune chance qu'il survive. Le stress le tuera, une blessure l'emportera.

Le meilleur moyen de voir pousser les arbres une fois qu'on s'est assuré de la qualité du sol et de l'exposition, c'est de leur laisser la paix. On veille un peu. Mais on attend que le travail de la nature se fasse et le travail de la nature exige du temps et de la tranquillité.

Or ces dernières années la perpétuelle excitation normative, l'obsession fiscale, l'interventionnisme de façade, ont bouleversé sans cesse le terrain. Tout cela a créé un stress qui empêche le développement des arbres.

Il faut donc rompre avec cette dérisoire agitation.

Les responsables nouveaux devront viser à la stabilité des orientations qu'ils fixeront, à la durabilité des règles qu'ils adopteront. Pour être stables et durables, ces règles ont besoin de simplicité.

Il m'est arrivé de lancer une polémique en apportant sur un plateau de télévision les deux volumes respectifs des Codes du travail français et suisse. L'un faisait plus de deux mille pages imprimées en caractères minuscules. L'autre était lisible et faisait à peine deux cents pages. Le premier était le nôtre. Le second était le suisse. Le chômage en Suisse est au-dessous de 4 % et il y a trois cent mille Français qui traversent la frontière tous les jours pour aller travailler chez nos voisins. Chez nous, plus de 10 % de chômeurs officiels. Et pas beaucoup de Suisses qui soient travailleurs frontaliers en France.

Est-ce la seule raison de la situation ? Évidemment non. Mais qu'il soit au moins acté que le Code ainsi compacté n'a pas gêné la création d'emplois. Et sans doute au contraire. Et que le Code pléthorique et foisonnant n'a pas été un obstacle au chômage, qu'il n'a protégé personne. Et si on prend les choses sous cet angle, on commencera à réfléchir différemment.

Que l'on cherche l'activité ou la sécurité, dans les deux cas, nos labyrinthes juridiques ne sont pas un exemple.

Le but à atteindre pour l'action publique en matière économique, c'est de créer les conditions les plus favorables à une vraie dynamique. Que la société tout entière se sente prête à la création, au risque, à la réussite. Ce type d'élan est contagieux : quand ces conditions sont remplies, les acteurs sont pris d'émulation, quelle que soit leur place dans la chaîne de l'entreprise, de la recherche à la réalisation.

J'ai écrit « élan ». Il m'a toujours semblé que les mouvements des sociétés relevaient de la même loi physique que la grande loi de l'énergie cinétique, la loi qui mesure l'énergie mise en œuvre dans le mouvement des corps. $E_c = ½ mv^2$! Cette énergie dépend bien sûr de la masse, du poids des corps, mais l'élément déterminant, c'est la vitesse à laquelle les corps sont lancés *élevée au carré*. Toute augmentation de la vitesse, même minime, multiplie l'énergie non pas proportionnellement, mais au carré.

C'est vrai par exemple pour la monnaie : si elle est thésaurisée, elle ne produit pas de richesses nouvelles. Mais si elle circule, elle multiplie les biens et amplifie l'impression générale de richesse.

C'est cette dynamique qu'un pays comme le nôtre doit chercher.

Le but d'une politique de croissance, c'est la créativité de la société : créativité des entrepreneurs, créativité du capital, créativité des chercheurs et des inventeurs, créativité des développeurs.

Cette créativité, notre peuple en a fait preuve si souvent dans son histoire, peuple de savants et d'entrepreneurs, qu'elle est potentiellement présente en nous. Mais elle demande d'abord à ne pas être freinée.

Les frottements freinent la vitesse. Par exemple, les inutiles formalités administratives auxquelles les chercheurs sont perpétuellement soumis à l'université, les empêchent de pousser leur recherche. Les médecins, surchargés de démarches administratives sont empêchés d'exercer leur vocation, qui est le soin au malade.

L'ensemble de la société française souffre d'immenses freins à l'initiative.

La fiscalité excessive est un frein. Elle ne favorise pas la créativité. Elle n'encourage pas la créativité qui est potentiellement dans le capital, qui serait libérée si ce capital s'investissait et qu'on bloque par des prélèvements qui ont le double effet de soustraire de la masse, et par crainte, de réduire la vitesse de son intervention. L'énergie potentielle est diminuée gravement.

Le plus souvent même, elle punit et sanctionne la créativité, l'énergie qui est potentiellement dans le travail.

La fiscalité excessive est d'autant plus absurde, s'agissant des revenus du travail, que l'amputation trop forte des revenus réduit à terme, dans bien des cas, la contribution que le Trésor public devrait recevoir d'un meilleur fonctionnement de l'économie. Tout le monde connaît la fameuse courbe de Laffer, qui illustre l'adage de bon sens : « Trop d'impôt tue l'impôt. » On dit aussi : « Le taux mange l'assiette. » C'est une sorte d'effet d'utilité marginale, comme disent les économistes : « Si je dois travailler pour rien, ne comptez pas sur moi ! »

Le plus grave ce n'est pas l'effet de prélèvement qui ampute le revenu et donc les initiatives, le commerce, les investissements. C'est l'effet de découragement, qui dissuade d'essayer des activités nouvelles, de prendre sur son temps libre pour créer une source de revenus, de penser à changer de voie ou à ajouter une voie nouvelle. Ou qui pousse à développer ces initiatives à l'abri des regards, au noir, illégalement.

La croissance est le résultat de l'action, de l'imagination, de la vitalité, du goût du risque. Décourager ces porteurs de créativité, c'est détruire une croissance potentielle. Une fiscalité qui apparaît comme confiscatoire constitue une action directe contre la croissance.

Et symétriquement le retour à une fiscalité convenable est un gage de croissance, et cette croissance promet en retour une augmentation des ressources fiscales.

Cercle vicieux dans un cas, cercle vertueux dans l'autre. En tout cas, gage de lassitude d'un côté, gage de vitalité de l'autre.

La démagogique affirmation de François Hollande lorsqu'il promit la taxation des hauts revenus à 75 % a marqué au fer rouge l'image de la France dans tous les milieux économiques du monde. Bien entendu, cet engagement n'a pas été respecté. Il n'était d'ailleurs pas fait pour cela. Les habiles qui entouraient le candidat lui avaient bien assuré qu'une telle mesure confiscatoire serait inévitablement jugée inconstitutionnelle. Elle l'a d'ailleurs été sans retard. Mais le mal était fait, tant il est vrai que la conduite des États, c'est aussi le maniement des symboles et des images.

De quelque région du monde d'où viennent ces jugements, on sait d'un bout à l'autre de la planète économique que la France c'est le pays de la fiscalité délirante.

Et qui en a souffert ? Non pas les privilégiés : ils ont bien des armes pour dévier ces assauts ; d'ailleurs, on s'est empressé de leur fournir bien des niches et des stratégies possibles. Ce qui en a souffert, c'est l'économie française et par voie de conséquence les plus fragiles que la stagnation de notre économie, des investissements et du travail condamne à vivre dans une impasse.

Un plan d'allègement de la fiscalité personnelle devra être conduit, quel que soit le vainqueur de la prochaine élection. C'est une certitude tant sont grandes l'émotion et l'exaspération au sein des classes moyennes. Mais ce plan d'allègement n'est pas seulement un geste électoral, il est nécessaire à l'élan à trouver pour l'économie et la créativité du pays. Et de toutes façons, une grande partie des sommes ainsi mises à l'abri de la fiscalité directe se retrouve par la fiscalité indirecte, notamment par la TVA prélevée sur la consommation.

Pour simplifier l'impôt sur le revenu, le conduire à un prélèvement universel compris de tous, la décision la plus réformatrice est de fondre l'impôt sur le revenu avec la CSG, ce qui reviendrait à voir confirmée une tranche proportionnelle, par hypothèse de 8 %, qui s'appliquerait à tous les revenus et trois tranches progressives dont les seuils pourraient conduire par exemple à 15, 25 et 40 % de prélèvements sur les tranches concernées.

Le même raisonnement doit être tenu à propos de la fiscalité sur le capital. Beaucoup proposent de supprimer purement et simplement l'ISF. Il me semble qu'il y aurait deux décisions plus incitatives, et à terme plus dynamisantes pour notre économie : la première devrait être immédiatement de retirer de la base de l'ISF les sommes apportées aux investissements dans l'appareil de production du pays, industriel, artisanal, agricole, exactement comme le sont les œuvres d'art.

Et pour la part résiduelle, par exemple des résidences ou des propriétés immobilières importantes, je propose que l'on laisse le choix au contribuable. Soit il décide d'assumer l'ISF en temps réel, soit il choisira des droits de succession à un taux plus élevé.

Les propriétés immobilières elles-mêmes doivent voir changer les règles fiscales qui leur sont appliquées en matière de plus-value. Je me souviens avec consternation du coup de frein navrant qu'a constitué sous un gouvernement précédent, pour gagner quelques centaines de millions, l'allongement de la période prise en compte pour les plus-values, qui était précédemment de quinze ans (ce qui n'est pas rien et interdit la spéculation) et qui a brutalement été portée à trente ans. Tous les petits propriétaires qui avaient investi dans une résidence secondaire et qui envisageaient de la vendre pour réinvestir en ont aussitôt été dissuadés. Brutal et stupide : on a simplement tari le marché sans qu'il y ait gain pour le Trésor public, encore moins pour l'économie du pays, puisque ce qui devait se vendre ne s'est plus vendu, et symétriquement ce qui devait être acheté ou construit ne l'a plus été.

Je suis convaincu qu'un retour à une durée de quinze années pour l'exonération des plus-values, est de nature à faire « repartir » l'activité immobilière. Et je suis convaincu de surcroît que ce n'est que justice !

Enfin, cette politique de dynamisation doit conduire à réduire les subventions et les aides de toute nature apportées à l'entreprise, en les compensant par des baisses de charges, plus neutres et à l'effet plus immédiat, à due concurrence.

On doit adopter le même raisonnement pour l'ensemble des normes et des contraintes qui créent, pour l'entreprise, comme pour les associations, un sentiment d'insécurité chronique. En tout cas, qui mettent mal à l'aise tous les acteurs dès l'instant qu'il s'agit de prendre un risque.

On a là une concentration de décisions qui toutes concourent à la dynamisation de l'économie du pays, une dynamisation soutenue par l'État, de nature à faire renaître un climat de confiance.

Tout cela doit être conduit de front, avec un nécessaire travail de communication, pour que l'effet de ces décisions se fasse sentir en France de manière directe, et indirectement permette que se crée une nouvelle image de la France dans le monde : le pays où l'énergie est soutenue, favorisée, entretenue et qu'ainsi le modèle le plus solidaire du monde soit aussi le plus dynamique.

L'équilibre des finances

L'énergie suppose l'équilibre.

Les périodes électorales sont fertiles en promesses tous azimuts, non financées et non finançables. Il est d'autant plus important d'avoir à l'esprit ce que doivent être les engagements de la nation en matière de finances publiques.

Or la situation de nos finances est bien loin d'être rétablie, même si elle est un peu meilleure qu'elle ne l'était en 2012. Mais les engagements, pris la main sur le cœur, écrits, lu et approuvés, ont été allégrement oubliés : on avait annoncé que l'on passerait au-dessous de la barre des 3 % de déficit par rapport à la production nationale dès 2013 et qu'on serait à l'équilibre budgétaire en 2017. En fait, malgré des circonstances incroyablement favorables du point de vue des taux d'intérêt pendant ces années, on a atteint avec peine la barre des 3 % au terme des cinq années de la législature.

Or 3 % de déficits par rapport à la production nationale annuelle, s'il est devenu par hasard un chiffre fétiche[1], ne

1. C'est François Mitterrand qui, à la recherche d'une proposition facile à retenir, demanda à ses experts une approximation qui donnerait l'air sérieux à la position de la France…

garantit en rien le rétablissement dont nous avons besoin. À 3 %, on a toujours besoin d'emprunter, la dette continue à augmenter. Nous sommes toujours sous la menace d'une augmentation des taux d'intérêt qui déstabiliserait brutalement notre budget et notre économie.

Nous devons nous fixer de descendre au-dessous de 2 %. Pourquoi 2 % ? Parce que c'est le chiffre à partir duquel la dette n'augmente plus et peut être renouvelée sans dommage. Au-dessous de ce seuil, on peut emprunter pour renouveler la dette sans rendre plus précaire la situation du pays.

Cela signifie donc qu'il faut se fixer une trajectoire, comme on dit, de diminution progressive du déficit, de l'ordre de 0,3 % par an. Cette ligne directrice nous mènerait en trois ans aux 2 % de la stabilisation.

La première décision à prendre est de refuser toute dégradation nouvelle de la situation budgétaire.

Cette affirmation qui paraît de bon sens est contredite par la plupart des programmes électoraux qui sont fredonnés en période pré-électorale. Il est de la responsabilité des citoyens de sanctionner les retours en arrière, même habillés de prétextes flatteurs pour l'avenir.

La diminution progressive des déficits de l'ordre de 0,3 % par an, constitue un effort atteignable, pourvu qu'une volonté ferme se fasse entendre à la tête du pays. Cette direction peut être respectée en organisant une mise à plat de l'ensemble des interventions diverses, aides, subventions, allocations désordonnées, qui sont le lot de l'État ou de l'ensemble de nos services et organisations diverses, sociales, économiques, et une clarification et un allègement de l'ensemble des normes qui paralysent l'activité.

Car, au point où nous en sommes, il est aussi important de s'attaquer aux dépenses que de soutenir l'activité du pays, pour que les recettes s'en trouvent augmentées, et que le PIB grandisse.

Je sais bien que les problèmes de déficit, de dette, de finances publiques que j'ai sans cesse portés devant les Français depuis des décennies, souvent seul, sont un peu arides, un peu techniques. Ce sont pourtant des problèmes de bon sens, des problèmes de parents gérant le budget de la famille.

La question des générations, l'éducation

Transmise de génération en génération, au sein des Cinq-Nations du peuple iroquois, voici la formule par laquelle était institué le chef[1] : « Maintenant nous te couronnons avec l'emblème de ton pouvoir seigneurial[2]. Maintenant tu deviens le protecteur du peuple [...], insensible à la colère, l'agressivité et la critique. Ton cœur sera empli de paix et de bonne volonté et ton esprit du désir de bien-être pour le peuple. Avec une patience inlassable, tu assumeras ton devoir. Ta fermeté doit être tempérée de tendresse pour ton peuple. Ni colère ni fureur ne doivent trouver place dans ton esprit. Toutes tes paroles et actions devront être marquées d'une calme délibération. Dans toutes tes délibérations [...] et actes officiels, l'intérêt personnel sera jeté dans l'oubli... Regarde et écoute pour le bien du peuple tout entier et aie toujours en vue non pas seulement les générations présentes, mais aussi les générations à venir, y compris ceux dont les visages sont

1. Le chef est choisi par les femmes. Le texte est celui de la Constitution de la confédération des Cinq-Nations iroquoises (fondée en 1570).
2. Les bois de cerf sur le front.

encore sous la surface du sol, les enfants qui ne sont pas encore nés de notre future nation. »

Ce texte est admirable. Il est précis et avisé en ce qu'il touche au caractère des gouvernants et aux devoirs qui devraient être les leurs. Et son dernier paragraphe devrait faire honte aux dirigeants actuels.

J'ai toujours eu la conviction qu'au sein d'un gouvernement, il devrait y avoir un ministre dont la seule mission et la seule préoccupation devraient être les générations à venir. Pour être au sein de toutes les délibérations, partout où des décisions se préparent, le représentant de ceux qui n'ont pas de voix et qui pourtant, seront les bénéficiaires directs, ou plus souvent les victimes, de l'inconséquence du présent. Plus encore qui seront le soutien des générations actuelles quand leur tour viendra d'être assistées.

Ce souci des générations à venir devrait être une question politique, traitée au moins à égalité avec le souci de l'urgence. Le moins qu'on en puisse dire est que ce n'est pas le cas.

En réalité nos dirigeants sont autant de Groucho Marx, l'aîné des Marx Brothers, qui assénait avec son inimitable sens de la provocation : « Pourquoi voulez-vous que je me préoccupe des générations à venir ? Est-ce qu'une seule fois ils ont fait quelque chose pour moi ? »

C'est le présent qui les taraude, l'état fugace de l'opinion, les sondages. C'est la réalité électorale, qui les soutient comme la corde soutient le pendu, en l'étranglant. Et pour toutes les raisons que nous avons vues, le président de la République lui-même dont ce devrait être la charge est désormais redevenu un homme politique, avec des soucis politiciens.

À mes yeux, cette préoccupation des générations à venir doit être une donnée essentielle de la résolution française.

C'est vital pour nous, communauté nationale, puisque nous considérons que notre intérêt personnel et collectif est engagé dans le futur des jeunes Français et des Français à naître. Une nation, c'est une chaîne. Le souci que nous aurons d'eux garantit le souci qu'ils auront de nous.

Et c'est aussi vital pour ce que la France doit dire au monde. Une part essentielle de l'influence de notre pays est dans l'originalité et la force de son message aux nations. La France, ce n'est pas seulement la France, c'est une idée des droits et de la vie des humains. Cette idée a fait notre image et notre audience. Mais elle ne vaut que si nous savons aussi l'appliquer chez nous. D'abord l'appliquer chez nous.

J'ai donné une partie de ma vie à la passion d'éduquer. Car ce n'est pas d'abord un métier : c'est d'abord une vocation.

D'où me vient cette passion ? Sans doute d'une famille où l'école était considérée comme le lieu par excellence du succès et de la construction d'une vie. Pour mes parents, il n'y avait à la vérité pas d'autre forme de réussite. Ni l'argent, ils n'y pensaient même pas, ni la notoriété, ni le spectacle, ni le sport. Ou plus exactement, s'il devait y avoir d'autres formes d'accomplissement, elles passaient toutes par l'école.

Et en vérité, même si la vie a fait que j'ai été un élève fantasque, peu discipliné et peu appliqué aux devoirs et exercices qui font l'ordinaire de la vie scolaire et même universitaire, je n'ai jamais remis en cause cette passion scolaire qui était celle de ma famille. Je suivais des chemins plus buissonniers, mais j'allais au même but. J'avais l'imagination trop ardente, j'aimais trop les livres pour distraire de leur lecture le temps nécessaire à les étudier, et la vie brûlait de me brûler, mais le mystère du savoir et la passion de le transmettre, jamais je ne les ai remis en question. Ce qui fait que par chance, par hasard parfois, par intuition de slalomeur, et pour avoir beaucoup lu, ce qui compte dans les études de lettres, je passais de classe en classe sans nourrir aucun doute sur le dogme scolaire. Je pensais, je pense encore, que transmettre, transmettre une langue, une histoire, un patrimoine scientifique, là est le secret, l'émancipation, la plus haute aspiration que puissent nourrir des êtres humains.

Je suivais mon propre chemin, et l'école en ces temps-là était assez généreuse pour admettre les chemins de traverse, sans trop en vouloir aux traversiers.

Ce qui a fait que j'ai pu passer assez jeune l'agrégation de lettres, qui m'est apparue, venant d'où je venais, comme un Graal de reconnaissance et de liberté. Que j'ai enseigné pendant dix ans. Que je me suis passionné pour la lutte contre l'illettrisme. Et que lorsque les responsabilités politiques nationales se sont ouvertes à moi, j'ai souhaité entrer au ministère de l'Éducation nationale, que je considérais et que je considère toujours comme la plus importante des missions gouvernementales. Et la plus belle.

J'y ai été très heureux, en dépit des tourmentes et des tourments qui sont partie intégrante de la fonction.

Il m'est arrivé alors ce qui probablement ne se reproduira pas de sitôt : durant mes années de présence au ministère, il se trouve que j'ai eu des enfants dans chacun des ordres d'éducation : maternelle, primaire, collège, lycée, classes préparatoires, université et grandes écoles ! C'est dire si les préoccupations des parents étaient les miennes ! J'ai vécu rue de Grenelle une grande histoire de confiance avec les éducateurs de notre pays. Et rien ne me touche plus que lorsque, tous les jours ou presque, des enseignants m'arrêtent en disant : « Vous, au moins, vous nous compreniez ! » Vingt ans après ! Et leurs votes le prouvent. Ils disent vrai : je les comprends, je le crois, avec leurs enthousiasmes et leurs doutes. Et je considère que le sort qui leur est fait est injuste.

Les professeurs sont régulièrement ciblés par les pouvoirs successifs. La manière dont on parle d'eux est dévalorisante et scandaleuse. Les perpétuelles humiliations qu'on leur fait subir, les accusant ouvertement ou implicitement, de ne pas travailler, les menaçant sans cesse de « pointer » pour les contraindre non plus seulement à enseigner quinze, dix-huit ou vingt heures par semaine, mais à être présents trente-cinq heures dans les murs, sont une épreuve qui use leur sensibilité et leur image.

Et ils ne savent pas se défendre !

Ils n'arrivent pas à expliquer ce qu'est une heure de cours, ce que cette heure suppose de préparation et de correction des copies, sans compter la participation aux conseils de classe, la charge des bulletins scolaires, l'exigence des divers et jamais suffisants groupes de travail de discipline ou de niveau.

Est-ce qu'on voudrait qu'un comédien soit présent au théâtre trente-cinq heures avec pointeuse ? On voudrait bien qu'un député soit présent à la chambre trente-cinq heures. Veut-on qu'un journaliste ne sorte jamais de son journal ? Croit-on que les intervieweurs des matinales de radio ou les présentateurs du 20-heures ne travaillent qu'une demi-heure par jour ? Quels sont les esprits courts qui ne peuvent penser la vie qu'en termes de pointeuse ?

J'ai besoin au contraire pour mes enfants de professeurs qui lisent, qui sortent, qui s'efforcent de comprendre le monde, et qui assument le travail d'enseignement, la présence en classe devant les élèves, comme la pointe de diamant, le sommet de la pyramide de la vie.

Je lance un défi à tous ces procureurs myopes et démagogues : qu'ils viennent enseigner à une classe de quatrième, simplement de quatrième, sans parler de terminales ou de prépas, une seule semaine, avec les dix-huit heures de cours réglementaires, les préparations dont ils auront besoin, et les corrections obligatoires, et qu'ils reviennent les yeux cernés me rendre compte, et m'expliquer que les profs ne travaillent pas assez.

Je sais bien que ce plaidoyer n'est pas à la mode, qu'il sera très peu populaire, que ce n'est pas le moyen de gagner des voix. Mais je tiens à la vérité et je crois que l'accent de la vérité peut emporter bien des préventions.

Les enseignants sont mal payés et mal considérés. Je voudrais qu'on les paie mieux. Des propositions en ce sens ont été faites récemment[1]. Je sais que ce n'est pas facile, en raison de la revendication permanente de la multiplication des postes qui a été depuis des décennies le seul discours syndical et auquel les gouvernants ont de tout temps cédé.

Mais je peux au moins garantir que s'il ne tient qu'à moi on les considérera mieux.

1. Programme d'Alain Juppé : *Mes chemins pour l'école*.

Tant que nous en sommes à la vérité, il nous faut aborder la question sous l'angle idéologique.

La politique de l'éducation est la grande victime d'un affrontement idéologique qui ne dit pas son nom. La grande victime du dernier affrontement idéologique du siècle dernier, affrontement secret, soigneusement dissimulé, qui fait des ravages et dont il faut avoir le courage de sortir.

Depuis des décennies, des forces inégales inspirent la politique éducative.

D'un côté les défenseurs des fondamentaux, dont je suis. De l'autre, les tenants de la novation.

D'un côté les tenants du contenu, de l'autre ceux qui prétendent que l'essentiel est dans le contenant pédagogique.

D'un côté ceux qu'on accuse d'être des conservateurs, de l'autre ceux qui se proclament progressistes.

D'un côté ceux qui veulent apprendre, de l'autre ceux qui veulent animer.

D'un côté, priorité à la transmission disciplinaire, de l'autre « changement » transdisciplinaire.

C'est une guerre qui dure depuis des décennies, sans qu'on l'identifie toujours. C'est une guerre de maquis, pire : c'est une guerre de religion.

Elle n'est qu'apparemment une guerre politique. On pourrait le croire, gauche d'un côté, droite de l'autre. Mais en réalité la guerre se glisse au sein des camps constitués eux-mêmes. C'est une des toiles de fond des conflits syndicaux, et les syndicats réputés les plus à gauche sont aussi révoltés que nous le sommes. Et je garantis que les grandes figures de la gauche, Jaurès, Blum, Mitterrand lui-même, Chevènement, pour n'en citer que quelques-unes, seraient résolument du même côté où nous nous trouvons, le côté où se trouvèrent de Gaulle et Pompidou. Et Voltaire ! Et Hugo !

Cette idéologie du changement à tout prix a des ennemis : ce sont les disciplines, la norme, les exercices, les humanités. L'adoption d'un vocabulaire abscons qui fait régulièrement rire les gazettes a pour but en réalité de couper le lien avec le passé. La grammaire traditionnelle est un ennemi, avec ses formes adoptées par le temps, les noms, les verbes, leurs nature et fonctions. On a connu le même combat dans les mathématiques, il s'est aujourd'hui estompé devant l'exigence de la discipline. Il fait rage en histoire. Et il a conduit à fragiliser les langues vivantes et à supprimer, purement et simplement, les humanités classiques.

Et c'est ainsi qu'un gouvernement de rencontre subreptice (de rencontre parce que jamais un tel dessein n'a été exposé devant les électeurs – je garantis que cela aurait suffi pour que les élections tournent différemment !) a décidé de sa propre autorité, de sa propre suffisance, de rompre le fil ténu qui nous reliait à la Renaissance, aux Lumières, à Victor Hugo, à Péguy et même à Bourdieu. Et qui les reliait entre eux.

Tout cela au nom d'une interdisciplinarité prudhommesque dans laquelle on assigne aux enseignants de bien vouloir étudier, en joignant le français, la musique et la physique, la manière dont le pauvre Claude François s'est électrocuté dans sa baignoire avec son sèche-cheveux.

Ce n'est pas que je n'aime pas le réel. Comme ministre de l'Éducation nationale, j'ai créé avec Pierre-Gilles de Gennes, La Main à la pâte, approche des sciences à partir du réel, du réel qu'on touche, qu'on mesure, sur lequel on réfléchit. Et au moment où nous décidions cette démarche, j'évoquais avec regret les « leçons de choses » que les instituteurs sortis des écoles normales aimaient à organiser, à partir de ce qui faisait la vie de tous les jours des enfants, à la ferme ou à l'atelier.

Mais le caractère artificiel et obligé de l'assignation mise en place aujourd'hui est à peu près le contraire de ce qu'un enseignement libéral, au sens le plus noble du terme, celui qu'on retrouve dans *profession libérale* ou dans les *arts libéraux,* demande à une mission d'enseignement.

La transformation du métier d'enseignant en un exercice servile, où le professeur doit *obéir* à ce que décide un ministre, quel qu'il soit, est un changement navrant, et qui ne saurait durer. Je rappelle que l'enseignement est réglé par des programmes, qui fixent le but à atteindre, et que nul, fût-il épisodiquement ministre, ne devrait avoir le pouvoir de se mêler autoritairement de la démarche pédagogique.

Surtout en épreuve de force, en menaçant de sanctions ceux qui se refusaient à se faire les propagandistes de la réforme ministérielle.

Naturellement, cette réforme du collège devra être abolie.

Mais il faut aller plus loin. Il faut rendre aux parents, aux familles, le droit de se prononcer sur l'enseignement que doivent recevoir leurs enfants.

Rien n'est plus à craindre que l'effet de balancier si nuisible, dont l'école, enseignants et élèves confondus, souffre tant. Que l'on songe que la totalité des programmes du collège réécrits devra être cette année en principe, complètement assimilée par les enseignants. Qui peut nous faire croire que le monde a changé cette année, au point qu'il faille en reprendre l'approche ? Cela ressemble furieusement à l'obsolescence programmée des appareils d'électroménagers, dont la mise hors service est prévue dès leur fabrication, de manière à « faire tourner le commerce »…

Or le savoir, la connaissance, c'est précisément le contraire : du stable, du durable, et l'adaptation se fait d'abord par la maîtrise des fondamentaux, qui servent de boussole.

En tout état de cause, cette guerre souterraine, avec les dégâts antidémocratiques qu'elle fait, doit finir.

Je me refuse à voir l'école devenir l'enjeu des alternances politiques, de surcroît sans qu'aucun citoyen soit jamais averti des intentions cachées de ceux qui se cachent derrière les rédactions de programmes électoraux.

Je veux bien accepter que certains, partisans de la subversion scolaire, aient leurs raisons. J'ai du mal à comprendre, mais à voir la dureté du combat qui se mène dans l'ombre depuis des décennies, j'accepte de prendre en compte leurs orientations.

Cependant, pour moi, et les myriades de parents et d'enseignants pour qui ce combat est un combat où tout se joue, un choix que l'on ne peut esquiver, auquel on ne peut renoncer, nous ne céderons rien de nos aspirations. Je ne peux même pas envisager que ne soit pas transmis à mes enfants ce que la vie, la culture humaniste, nous ont apporté de plus précieux.

Alors il ne reste que deux choix : le premier, c'est la fuite de l'Éducation nationale. Demandons-nous d'où vient l'incroyable succès de l'école privée sous contrat, et même à vitesse accélérée, l'explosion de l'enseignement privé hors contrat.

Les parents, pour une immense majorité d'entre eux veulent trois choses pour leurs enfants : ils veulent qu'ils acquièrent les meilleures bases pour la vie et pour leurs études ultérieures, les meilleures bases dans la langue, dans les langues, et un bagage pour les études scientifiques. Ils veulent que leurs enfants soient suivis le plus attentivement possible. Et ils veulent que cet enseignement solide épanouisse le bonheur d'apprendre, et le bonheur d'être. Instruction et éducation, comme on disait autrefois.

Tout cela n'est pas tout à fait d'aujourd'hui. Du temps où Charlemagne inventait l'école, ce sacré Charlemagne, son ministre de l'Éducation nationale à la mode du temps s'appelait Alcuin. Le moine Alcuin définit les premiers programmes scolaires auxquels on réfléchissait depuis sept ou huit siècles. Nous croyons toujours avec une touchante naïveté, que nous inventons tout. Il y a deux mille ans qu'on y pense, qu'y réfléchissent des esprits incroyablement profonds et agiles. Et la réflexion du temps conduisit à deux blocs de connaissance, trois disciplines d'un côté, le *trivium*, les « trois chemins », quatre disciplines de l'autre, le *quadrivium*, les « quatre chemins ». Et pour qu'une éducation soit achevée, il fallait maîtriser les deux blocs : le premier, les disciplines littéraires, la grammaire, la maîtrise de langue, sa correction, le bien parler, et l'argumentation ; et le deuxième bloc, c'était les disciplines que nous dirions « scientifiques », l'arithmétique, la géométrie, l'astronomie, (on dirait aujourd'hui la « physique »), auxquelles on ajoutait la musique. Si je peux y ajouter l'éducation physique et sportive, je signe tout de suite.

Le premier bloc est précisément le lieu où se joue la justice sociale. Car la langue, la langue française, et les clés qui permettent de la maîtriser, le latin, le grec, la capacité d'expression, l'émotion de l'évocation, la possibilité de convaincre, de décrire, de faire rêver, c'est la garantie que dans la vie, vous pourrez écouter et on vous écoutera. Vous pourrez comprendre et on vous comprendra. C'est par la langue que se définit en grande partie la place d'un individu dans le monde. Le navrant est qu'en ce bloc de la langue, la langue écrite en particulier, ces dernières années, nous avons reculé.

Et le deuxième bloc (d'où je n'exclus pas la musique), où les sciences tiennent une place centrale, c'est le bloc dont nous avons tant besoin en notre monde scientifique et technicisé. Et dans ce bloc-là, aussi, nous avons reculé dramatiquement ces dernières années.

Voilà d'où nous venons. Voilà ce que tous les parents cherchent instinctivement pour leurs enfants. Ils diraient : une école où l'on apprend quelque chose ! Une école où les enfants sont suivis attentivement ! Une école où ils soient heureux d'être et d'apprendre.

Je n'ai aucun doute : le désespoir national autour de l'école vient de ce désordre, de ce chaos, autour de la définition de ses missions et des moyens de les remplir.

Je crois profondément à la pédagogie et à la science qui devrait se déployer autour de la pédagogie. Mais je ne crois pas à la pédagogie définie par un ministre, de surcroît et particulièrement par un ministre qui n'a jamais mis les pieds dans une classe.

Je crois à la pédagogie dont la pertinence est prouvée par les progrès des élèves. À la pédagogie transmise, sérieusement, et même scientifiquement, par les maîtres qui ont fait la preuve qu'ils faisaient progresser leurs élèves. Tout y participe : la progression dans l'enseignement, chapitre après chapitre, les exercices qu'on propose aux élèves, l'attention chaleureuse, l'attachement que cette attention fait naître, l'originalité de l'enseignant. Rien de tout cela ne peut naître des circulaires ministérielles absconses.

Je crois aux programmes simples. Exigeants mais simples. À partir du simple, on peut toujours enrichir, on peut approfondir. Je crois aux beaux textes. Je crois à la beauté des mathématiques ou de la physique, ou des sciences de la nature. Dans le moindre chapitre de ces enseignements, il y a des univers qui ne demandent qu'à être dévoilés.

Je ne crois pas que la question principale soit dans l'autorité de l'administration, quelle que soit l'administration. Cela peut aider, bien sûr. Des chefs d'établissement compréhensifs et avisés, entraînant des équipes éducatives peuvent faire des miracles. Mais c'est dans la classe que tout se joue, les enseignants le savent bien, et l'on s'évertue à le nier. C'est l'autorité des enseignants dans leur classe qu'il faut soutenir, bien davantage que l'autorité de l'administration sur les enseignants.

Je propose donc que l'on tire les conclusions de cet enlisement : considérons que l'essentiel est de partir du progrès des élèves. Laissons aux enseignants la plus grande liberté pédagogique dans le traitement des programmes. Cessons de les assommer de circulaires, d'injonctions, de réunions pédagogiques dont le but est de transmettre le dogme épisodiquement en cours Rue de Grenelle.

Mais du début à la fin de l'année, mesurons les progrès des élèves.

Et demandons à ceux des professeurs dont les élèves ont le plus progressé, à niveau social et culturel similaire, de développer leurs méthodes. Proposons ces méthodes à leurs collègues, librement. On verra alors le potentiel de progrès qu'il y a dans ce million de femmes et d'hommes qui ont la charge de nos enfants.

Prenons-les au sérieux. Ne faisons rien clandestinement ni subrepticement. Rendons-leur la maîtrise de leur métier, de leur vocation. Rendons-leur la fierté de leur discipline. Reconnaissons la légitimité de la démarche pédagogique qui est leur mission. Ceux qui veulent travailler en équipe, faire se croiser les disciplines, qu'ils aient la liberté de le faire. Qu'ils explorent des chemins nouveaux. Les progrès des élèves, leur bien-être à l'école, donneront la réponse à toutes les questions posées. On découvrira que bien des chemins peuvent conduire à Rome. Ce qui compte est dans l'épanouissement des personnalités.

Les enseignants, leur légitimité et la reconnaissance qu'ils méritent sont et seront les acteurs incontournables de ce grand mouvement. Y compris lorsque l'école rencontrera les outils nouveaux d'enseignement.

Car la révolution numérique sera aussi une révolution scolaire et universitaire.

Non pas l'alpha et l'oméga de la révolution scolaire. On devrait réfléchir davantage au fait que dans la Silicon Valley, nombre de dirigeants de tout premier plan de l'industrie numérique interdisent les écrans à leurs enfants. Ils pensent, et l'on peut penser avec eux qu'une utilisation précoce risque de limiter la créativité, que la fascination de l'écran et des mécanismes numériques n'est pas sans risque.

Tout ce qui est actif est formateur. Tout ce qui est passif est dangereux.

Tout ce qui fascine bloque.

À l'usage des propres enfants de ces maîtres du monde numérique, des écoles ont été créées avec tableau noir et craie. Pour qu'ils cherchent, pour qu'ils avancent sur un chemin de construction personnelle, sans autre truchement que le maître.

Il demeure que le numérique offre et va offrir des trésors de ressources nouvelles. D'infinies bibliothèques de cours en ligne, d'œuvres à découvrir, les plus grands savants dispensant leur enseignement disponible à toute heure du jour et de la nuit. Les MOOC[1], cours de niveaux universitaires ouverts à tous, peuvent regrouper cent mille apprenants. Ou douze seulement. C'est une avant-garde de la vague d'utilisations pédagogiques qui sera monnaie courante d'ici fort peu de temps. Les tableaux numériques font d'ores et déjà apparaître, sans baguette magique, les cartes de géographie, les schémas animés, les photos, les extraits de film ou de voix enregistrées.

Et cela paraît sans limite. Comme paraît sans limite le miracle (je parle sans ironie) de Wikipédia, plus grande encyclopédie réalisée depuis que l'humanité essaie de faire le tour de ses connaissances, et réalisée gratuitement,

1. C'est de l'anglais *Massive online open course* : cours en ligne ouverts au plus grand nombre.

bénévolement, simplement pour l'amour du savoir et de la transmission. Une œuvre de connaissance et de générosité qui me remplit d'optimisme pour l'avenir de notre humanité par ailleurs si limitée, égoïste et mesquine.

Il demeure que cet univers de connaissances disponibles est une jungle si l'on n'en possède pas les codes et les repères.

Cela, c'est le travail de la culture générale, du socle, des fondamentaux. Et c'est ce qui rend l'école, et le maître, irremplaçables. Dans l'univers du savoir, aussi riche soit-il, il faut savoir s'orienter. La connaissance des points cardinaux du savoir, c'est ce qu'il faut transmettre, et la boussole pour s'y retrouver.

Et cela exige que l'esprit soit éveillé, et actif, et inventif. Il ne peut pas s'en remettre à d'autres pour se construire, fût-ce dans l'abondance du génie. C'est un travail où l'on doit être tenu par la main, et où la sensibilité, l'attention, les yeux dans les yeux, jouent le rôle décisif. Le lien entre maître et élève ne sera pas un lien numérique. Jamais. Et c'est cela qui le rend précieux. Et irremplaçable.

Tout cela nous aidera-t-il à sortir de la guerre jamais achevée entre ces deux conceptions de l'école, l'école qui veut d'abord transmettre, qui croit aux contenus, et l'école qui croit que la pédagogie est d'abord animation ?

Si la guerre entre les deux conceptions de l'école s'éternise et se répand, allons au fond, laissons les parents choisir la voie qu'ils préfèrent pour leurs enfants. Acceptons sereinement les deux voies : une voie fondée sur la transmission des savoirs et sur les disciplines ; et une voie fondée sur l'animation et la transdisciplinarité. Une voie traditionnelle et une voie réformée.

Clarifions les objectifs des deux voies. Et remettons-nous-en aux parents pour choisir entre les deux.

Je n'ai pas grand doute sur les résultats de ce choix. Mais au moins ces évolutions se feraient-elles dans la loyauté. Et l'avenir des enfants, la structure intellectuelle et culturelle qui sera la leur, ne seront plus joués aux dés, selon la victoire électorale des uns et des autres.

Sans cela, c'est l'Éducation nationale qui peu à peu, et de plus en plus, va se trouver désertée. Par les élèves, sur choix de leurs parents, et par les enseignants qui ne veulent plus être traités en salariés serviles à qui leur patron demande d'obéir aveuglément. Ces enseignants, aujourd'hui désespérés de la difficulté de leur métier, des classes intenables souvent, de l'impossibilité de capter l'attention, et du manque de considération, ces enseignants démissionnent et fuient. Je veux leur rendre ce qu'ils ont perdu, et qui est précieux. Pour eux. Et pour nous.

Le droit
à la première expérience professionnelle

Il ne suffit pas d'enseigner, ni même, un jour, de bien enseigner pour assurer l'égalité des chances.

L'insertion dans la vie active dépend, bien sûr, de la qualité de la formation reçue. Les diplômés connaissent moins le chômage que les moins diplômés. Mais elle dépend aussi du milieu social d'où l'on vient.

D'ailleurs la formation aussi dépend du milieu social : la connaissance par les familles du dédale des formations, les choix stratégiques pour que l'établissement soit le meilleur possible, la possibilité d'aller vers un enseignement privé dont on connaît les choix pédagogiques et la réputation, tout cela est mis en œuvre pour obtenir le meilleur parcours possible. En tout cas la formation qui aura la meilleure réputation possible.

Et c'est peu dire que ce soutien du milieu familial et social est mis en batterie lorsqu'il s'agit de s'approcher de la vie professionnelle.

Ne serait-ce que pour obtenir un stage… Il se trouve que comme ministre de l'Éducation nationale, j'ai institué les stages en entreprise et dans le monde du travail en classe de troisième. Cela m'a valu à l'époque quelques polémiques, tant l'entreprise avait mauvaise réputation dans le monde éducatif. Heureusement, personne depuis n'a remis en cause cette décision[1]. Chaque fois que je croise un des élèves qui, par centaines de milliers, bénéficient chaque année de cette première expérience du travail, je me dis que cette décision était juste. Mais je n'ignore pas que les relations de la famille comptent dans la recherche d'un stage, et que tout le monde n'est pas égal devant cette découverte.

Les choses sont bien plus graves encore lorsqu'il s'agit, non plus d'un stage, mais de l'entrée dans le travail.

Tous les jeunes, et particulièrement tous les jeunes qui n'arrivent pas à trouver un emploi, connaissent le dilemme du recrutement. « Je pourrais vous embaucher, mais vous n'avez aucune expérience professionnelle. » Et comment acquérir une expérience professionnelle si l'on n'a jamais la chance d'être embauché ?

Ce qui est le plus difficile dans un CV de jeune qui cherche un travail, c'est la première ligne, c'est la première fois.

Il me semble que l'État, la puissance publique qui a la responsabilité de la formation, n'a pas fait son devoir lorsqu'il s'arrête au diplôme, ou à l'absence de diplôme.

Pendant longtemps, la limitation de l'obligation de formation au temps des études était compréhensible. Le

1. Comme bien d'autres orientations et réformes que les vingt années suivantes ont bien été obligées de respecter : l'organisation du bac en séries L, S, ES, la semestrialisation des études universitaires, le programme de découverte scientifique La Main à la pâte, les langues vivantes à l'école primaire, par exemple. Il est bien dommage qu'on ait abandonné les études dirigées pour tous, et l'ouverture précoce d'options, par exemple latin en cinquième, grec en troisième.

marché du travail était abondant en emplois, offerts à tous. Il fallait même attirer des travailleurs étrangers pour répondre aux besoins. Chacun pouvait donc se débrouiller tout seul. On n'est plus du tout dans cette situation.

Si je me pose la question de la responsabilité que le pays doit assumer à l'égard des plus jeunes, à ce moment de leur vie où se joue leur avenir, il me semble que nous devons renouveler notre approche.

Ce qui se joue, ce n'est pas seulement, l'entrée des jeunes dans la vie professionnelle. C'est aussi quelque chose d'autre, et de plus important : une certaine idée, qu'ils recevront ou ne recevront pas, de la justice. L'idée qu'ils comptent, et qu'on le leur montre, ou qu'ils ne comptent pas et qu'on les laisse de côté.

Il y a longtemps qu'il n'y a pas eu de progrès social notable. De progrès social réel. Qui serve authentiquement le sens de la justice. Qui fasse authentiquement avancer la société, et la perception de la société en chacun de ses membres, particulièrement en chacun de ses membres, les plus jeunes, qui en seront l'avenir.

La proposition que je formule est exigeante. Elle consiste à offrir à chaque jeune, à la sortie de ses études, l'occasion d'une première expérience du travail.

Mettre à chacun le pied à l'étrier. Le pied à l'étrier de manière substantielle, pas un prétexte, pas un habillage. Mais six mois dans un premier emploi salarié.

Personne ne sera plus sans première expérience.

Personne ne se fera plus renvoyer sur ce prétexte. Ce sera un enrichissement réciproque, pour le jeune qui découvrira un monde qui jusqu'alors lui était fermé, et pour l'entreprise ou pour le service, qui transmettra quelque chose de précieux. Qui saura mettre en valeur des qualités. Qui donnera confiance.

C'est naturellement une organisation nouvelle.

Je pense que Pôle emploi devrait en être chargé. Ce qui délivrerait l'entreprise ou le service de toute obligation liée au contrat, ou au recrutement. Ce qui libérerait en cas de mésentente.

Pôle emploi, l'entreprise ou le service discuteraient ensemble sur la part du salaire qui pourrait être prise en charge par l'employeur. Et l'immense budget de la formation professionnelle à laquelle ces jeunes ont droit permettrait d'apporter le complément nécessaire.

L'idée est de simplifier à l'extrême les conditions administratives, de recrutement ou de séparation. Ce qui est privilégié, c'est l'expérience, c'est la première chance. Ce qui est souhaité, c'est que l'entreprise ou le service voient dans cette expérience non pas une obligation, mais une chance. Pour le jeune bien sûr, mais pour l'organisation du travail aussi.

La proposition d'un droit nouveau, pour la première fois depuis des décennies, à destination des jeunes, est un enrichissement pour la société tout entière.

Après l'école obligatoire, pour tous, le premier emploi pour tous.

L'énergie du pays, et l'énergie de chacun des jeunes, doit en être multipliée. Le sentiment de justice refondé. La solidarité ne sera plus dès lors une solidarité seulement défensive et portée vers l'assistance, mais une solidarité active et si l'on peut dire offensive. Le lien social est enrichi, et touche à l'essentiel.

Et nombre de jeunes, je le crois, verront s'élargir leur horizon. Trouveront peut-être leur voie. Découvriront un monde du travail dont beaucoup se font une idée fausse, rejetant pour beaucoup d'entre eux des métiers qui, en réalité, pourraient les rendre épanouis et heureux.

Apparaîtrait aussi que la société n'a pas fini de retisser les liens entre ses membres, entre les générations, et de faire naître une énergie nouvelle dans un monde qu'on croyait épuisé.

UNE VISION

Un peuple a besoin de perspectives.

Son unité retrouvée le sauvera. Son énergie ranimée lui rendra force et courage.

Mais il doit aussi savoir où il va.

Plus exactement, il doit savoir dans quel monde nouveau il doit vivre, les défis extérieurs qu'il doit relever, et quelle sera dans ce monde sa marge d'action. Plus encore, il doit répondre pour lui-même à la question de savoir quelle est la portée de la souveraineté qu'il doit exercer. Qu'il doit, ou qu'il peut exercer.

Dans le monde des puissances qui s'impose à chacun des peuples qui forment l'humanité, la question de la capacité à compter, à faire entendre sa voix, est à prendre en compte dans l'orientation que nous choisirons.

Et doivent être pris en compte les défis que l'humanité doit affronter en tant qu'humanité : la paix et la guerre, le chaos international, les révolutions technologiques et les menaces auxquelles est exposé notre patrimoine naturel et environnemental.

Cette question de la vision, de la vocation universelle d'un peuple comme le peuple français est cruciale pour sa capacité à décider de son avenir.

Un nouveau monde

C'est un nouveau monde que le monde qui vient.

Jamais sans doute depuis les temps historiques, on n'a vu s'accumuler tant d'énergie et de tensions sur le point de libérer tant de séismes.

Les gens qui croient que les retours en arrière seraient souhaitables, ou enviables, on peut les écouter avec sympathie ou avec indulgence. Mais ceux qui croient que ces retours en arrière sont possibles, alors ceux-là ne vivent pas dans le monde réel.

De même ceux qui croiraient que l'essentiel des changements dans le domaine technique et scientifique est derrière nous.

En réalité, les changements les plus importants commencent à peine à se laisser apercevoir. Ils arrivent, et leur pas fait un bruit de tonnerre.

Tous les aspects de la vie humaine, je parle de la vie au sens biologique du terme, comme au sens de nos habitudes sociales, vont être bouleversés.

Et pourtant l'homme demeurera l'homme, en tout cas c'est ce que nous voulons. Il ne sera pas différent, du point de vue de la conscience, de l'inquiétude, de la morale, de ce qu'étaient, même si nous les connaissons peu, les artistes magiques de Lascaux, ou nos prédécesseurs égyptiens et grecs.

Du point de vue de l'éveil, de la curiosité, de l'invention, du sens du mystère, de la volonté de contact avec ses semblables, du désir de transmission, il demeurera identique. Et qui sait s'il ne sera pas même, assez souvent, moins doué ?…

Mais il est une chose certaine : la vague du « progrès » scientifique et technique ne peut être détournée, et elle ne peut être éludée. Prométhée avait libéré le feu, et il était seul : désormais des millions de Prométhée sont à l'œuvre d'un bout à l'autre de l'Univers.

La capacité de mémoire, de conservation des données, a été multipliée par des milliards de milliards, et ce n'est qu'un début. Car bientôt l'hélice d'ADN, la plus ancienne et plus performante mémoire que l'Univers ait produite, unique, impossible à imiter, présente dans chacune des milliards de cellules de notre corps, va être détournée pour servir de mémoire à nos calculateurs.

La capacité de calcul mathématique instantané d'une machine a été multipliée par des millions de milliards, et ce n'est qu'un début. Car il paraît que la suite de 0 et de 1, qu'on appelle « bits » et qui forment le langage de base des calculateurs, va être remplacée par son homologue non plus numérique, mais quantique, une suite de qubits, 0, 1, et de chiffres qui ne seront tout à fait ni l'un ni l'autre, ou toute grandeur entre 0 et 1, et que cela va permettre de battre tous les records du monde de mémoire et de calcul. Je dis « il paraît » : on comprendra que la méthode n'est pas tout à fait claire pour l'auteur de ces lignes. On a donné en 2015 le prix Nobel à des chercheurs qui observent ces données quantiques.

En tout cas, ce qui est décrit, ce n'est pas un ralentissement de la progression de la vitesse de ces mécanismes de calcul, contrairement à ce qui était prévu ou anticipé, mais au contraire une accélération.

Si l'on ajoute une progression exponentielle des données de mémoire à une progression exponentielle des capacités de calcul, on doit imaginer quel incroyable outil de décryptage des réalités les plus complexes va se trouver mis à disposition de l'humanité.

La biologie, le corps humain, les comportements des individus, l'univers physique, tout cela va se trouver scruté, analysé, dévoilé à l'esprit des hommes.

Par voie de conséquence, la médecine, l'urbanisme, les déplacements, l'anonymat, vont se trouver remis en cause et bouleversés.

Pas dans mille ans. Pas dans cent ans. Dans dix ans peut-être, ou dans cinq ans seulement.

Que l'on songe simplement à un phénomène aussi universel que la place du chauffeur dans une voiture, un taxi ou un camion. Si les voitures sans chauffeur se généralisent, si elles deviennent sûres et pratiquement universelles, imagine-t-on la révolution ?

C'est un nouveau monde. Et c'est un monde inéluctable. C'est un monde dont personne ne connaît les crispations à venir : on sait seulement qu'il y en aura. C'est un monde dont il est difficile d'apprécier les chances qu'il ouvrira, parce qu'on ne sait pas exactement ce qu'est une vraie chance pour les femmes et pour les hommes.

Par exemple, si l'on compare, pour se faire une idée, l'augmentation des capacités de calcul et de mémoire à l'augmentation de la vitesse du déplacement d'une personne marchant 5 kilomètres à l'heure, les quarante ans qui viennent de s'écouler nous ont conduits à l'équivalent de 30 000 kilomètres à l'heure, et dans trois ou quatre ans nous atteindrons la vitesse de la lumière. Imaginons la suite. C'est seulement une analogie bien sûr. Il ne s'agit pas ici de vitesse : il s'agit de capacité.

On ne sait pas si un être humain serait plus heureux, ou plus épanoui, ou plus créatif, ou plus aimant lorsque ses capacités seront ainsi multipliées. Et que trouvera-t-il comme sens à sa vie ? Là est la question.

C'est pourquoi, je le dis au passage, le gouvernement des peuples dans un temps d'incertitude n'est pas une question technique. C'est une question qui touche à la sensibilité, au profond. Pas une question commerciale, ou administrative, ou financière. Une question d'homme, ou de père de famille si l'on veut.

Au fond une question pour humanistes aux yeux ouverts.

Sur la planète, beaucoup de peuples s'inquiètent et sont troublés par l'approche des temps nouveaux.

Je comprends fort bien que des pays qui n'ont pas de tradition technologique ou industrielle aient du mal à se frayer une place dans la grande compétition de la production. Je comprends fort bien que des pays qui n'ont pas une recherche de haut niveau, de puissants secteurs d'excellence académique, ou ne trouvent pas accès à la maîtrise du numérique se sentent en perte de vitesse.

Mais la France n'est dans aucun de ces cas. Nous sommes un pays du plus haut niveau mondial dans des industries de la plus haute exigence technologique et scientifique. Nous produisons les avions et les satellites, les moteurs d'hélicoptère et les turbines en général, nous avons longtemps maîtrisé le nucléaire mieux qu'aucun autre pays parmi nos concurrents, nos voitures supportent la comparaison avec toute autre, notre chimie, notre place dans les grands secteurs énergétiques, le niveau d'équipements collectifs de notre Hexagone, notre compétence dans l'univers du numérique, en tout cela qui constitue le terrain de la plus exigeante compétition mondiale, nous sommes les premiers ou dans le groupe de tête.

Dès lors, il est vrai qu'il est difficile de supporter le scandale qu'un pays qui tient la tête en ce qui est le plus exigeant, se retrouve à la traîne, distancé en bien des domaines plus accessibles ou plus triviaux.

C'est cela le vrai paradoxe français. Mais c'est cela aussi qui est encourageant : s'il fallait construire toutes ces capacités à partir de zéro, ou de pas grand-chose, la tâche dépasserait les forces disponibles. Mais, conscience prise de ces forces, libérer le chemin pour donner à notre société le plein développement de ses capacités, alors cela doit être en vérité la plus courte partie de la distance à parcourir !

D'autant que nous allons pouvoir compter sur des atouts inédits, sans précédent, à portée de notre main.

La numérisation de la production va réduire la place et le coût de la main-d'œuvre manuelle dans le processus productif. Les robots sont puissants et infatigables. Ils travaillent pour le même prix aux antipodes et chez nous. Nous les maîtrisons aussi bien et peut-être mieux que beaucoup d'autres parce que l'école mathématique française a été maintenue contre vents et marées, qu'elle obtient un grand nombre de récompenses internationales et que par voie de conséquence nous avons toute notre place dans la maîtrise des algorithmes qui sont la clé de l'automatique.

Le mot « algorithme » est une beauté pour l'esprit. Il vient du nom latinisé d'un Persan du IXe siècle, immense savant, mathématicien, astronome et astrologue, Al-Khwärizmî (écrit en latin *algoritmi*), auteur d'un traité sur la *restauration*, l'art de retrouver par le calcul des données inconnues, et comme le mot « restauration » se dit en arabe *al-jabr*, le mot a donné « algèbre ». D'un seul savant persan, le nom et l'œuvre ont donné à la fois et à douze siècles de distance l'algorithmique et l'algèbre !

Gérard Berry est professeur au Collège de France, titulaire de la chaire « Algorithmes, machines et langages ». Il définit ainsi cette opération intellectuelle : « Un algorithme, c'est tout simplement une façon de décrire dans ses moindres détails comment procéder pour faire quelque chose. Il se trouve que beaucoup d'actions mécaniques, toutes probablement, se prêtent bien à une telle décortication. Le but est d'évacuer la pensée du calcul, afin de le rendre exécutable par une machine numérique, un ordinateur. » Il ajoute par ailleurs qu'un ordinateur, c'est un abruti : « Fondamentalement, l'ordinateur et l'homme sont les deux opposés les plus intégraux qui existent. L'homme est lent, peu rigoureux et très intuitif. L'ordinateur est super-rapide, très rigoureux et complètement con. Faire coïncider les deux, le but est louable. Mais de là à y arriver… »

Dans cette capacité à percevoir le gouffre qui sépare la machine de l'homme, et à jeter des ponts au-dessus de ce gouffre, un peuple qui par son histoire a eu le double accès à l'intuition, y compris littéraire, et à la rigueur, y compris scientifique, autrement dit pour parler comme Pascal à l'esprit de géométrie et à l'esprit de finesse, a dans ses mains de grands atouts. À condition qu'on fasse reculer toutes les forces qui travaillent à l'effondrement de sa culture et de son système de formation.

À condition que dans ce système de formation, cette science de la rencontre entre le langage, la programmation et la puissance du numérique, soit prise en compte et suffisamment intégrée.

À condition aussi que nous comprenions, et que nous fassions comprendre à l'opinion publique et civique française que de telles mutations supposent de grandes souplesses. Les révolutions qui se préparent, bienfaisantes ou dangereuses, et bien souvent en *même temps* dangereuses *et* bienfaisantes, peuvent être maîtrisées, et mieux maîtrisées par les Français que par d'autres. Mais à une condition : c'est que nous acceptions le changement et l'adaptation des cadres qui nous contraignent.

Si ce n'est pas le cas, si nous rejetons la souplesse au nom de la défense des cadres anciens, un jour viendra nécessairement où les cadres exploseront, la charpente qui ne saura pas plier aussi peu que ce soit rompra, mais nous paierons cher cette fausse sécurité, car nous serons engloutis dans l'effondrement de la maison.

La stratégie, sujet national

À ce nouveau monde, il serait irresponsable de ne pas se préparer. Pas seulement de manière défensive, en anticipant les questions qui vont nous être posées. Mais en même temps, et au moins autant, de manière offensive, en participant comme acteurs au grand mouvement qui vient.

Rien n'est plus frappant que la faiblesse du débat stratégique en France.

On imagine sans peine que je ne suis pas un défenseur inconditionnel du régime politique en Chine. Tous mes choix personnels et démocratiques vont à l'encontre du régime de parti unique communiste hérité de Mao conjugué avec le libéralisme le plus exacerbé.

Mais il est une chose que j'envie à la Chine, c'est de penser le monde et le gouvernement à trente ans. De penser à trente ans, les investissements d'État, la recherche des ressources.

Ils pensent à trente ans. Nous, dans les dernières décennies, ne pensons parfois même pas à trente jours !

Or les grands choix du monde se font, ou devraient se faire, à cet horizon-là ! Les grands investissements matériels (que l'on songe aux achats de terre par la Chine partout sur la planète), ou immatériels (l'éducation, la recherche) ne se conçoivent qu'à l'horizon d'une génération.

Vous croyez que vous avez le temps ? Vous vous trompez : c'est l'urgence la plus brûlante. Il nous faut retrouver l'adage « Gouverner c'est prévoir ».

Nous avons eu autrefois un Commissariat général au Plan. Le premier commissaire était Jean Monnet. C'est dire l'autorité et le prestige qui s'attachaient à cette fonction. Peu à peu, et bien à tort, son rôle s'estompa, au fur et à mesure que s'imposait à nouveau auprès des gouvernants la « dictature de l'instant ». Pourtant, des personnalités de valeur, Pierre Massé, Michel Albert, Jean-Baptiste de Foucault ou Henri Guaino occupèrent la fonction. Les évolutions se multiplièrent. En 2006, on remplaça le Commissariat au Plan par un Conseil d'analyse stratégique et fut limogé le dernier commissaire, le philosophe et économiste (l'addition des deux potentiels était intéressante) Alain Etchegoyen. L'impact sur le débat public de ces changements n'a pas laissé de souvenirs marquants.

En 2013, à son tour, le gouvernement de l'époque institua France-Stratégie, qui sans doute présente d'intéressants rapports, mais qui n'a pas de présence notable dans le débat public, en tout cas dans le dialogue qui devrait être déterminant avec les décideurs.

L'irruption d'un nouveau monde nous contraint à remettre la réflexion stratégique au centre de la politique nationale. Pas seulement un rouage gouvernemental, mais une institution qui place notre vie démocratique devant ses responsabilités : à la fois dans le débat national et dans les choix (y compris discrets et même secrets) du gouvernement.

Non pas une cellule administrative de plus, un machin, une usine à gaz, pondeuse de rapports pour initiés, oubliés dès que publiés, mais une instance de grand prestige, dont tout le monde saura, bien sûr, qu'elle peut se tromper, mais qui oblige à réintroduire les grands enjeux du futur dans le maelström de l'agitation médiatique.

Si l'on veut que cette instance soit entendue dans ses assignations, il faut qu'elle soit compacte et complète : que l'ensemble des questions d'équilibre du régime de retraites, par exemple, ou les questions qui menacent les générations futures puissent être évoquées directement en son sein.

Et il faut aussi qu'elle soit indépendante du gouvernement et du Parlement, rapportant aux deux, rattachée à celui qui est le garant du long terme, le président de la République lui-même, pour qu'il la protège et relaie ses assignations.

Si l'on a conscience que vient un nouveau monde, alors la mise au premier plan dans nos mécanismes institutionnels de la réflexion stratégique peut seule nous permettre de penser le monde à la dimension de l'Univers et à la mesure des temps.

Le besoin d'identité

Une chose pour moi est certaine : nous n'irons pas vers le chaos des identités et des béances de valeurs.

On aurait pu le croire. On sait maintenant que ce n'est pas ce que veulent les peuples. Même si c'est souvent sous forme névrotique, ils aspirent à l'identité, à la reconnaissance de ce qu'ils sont, de leur histoire et de leur souveraineté.

Leur histoire, leurs traits de caractère nationaux, les convictions qui les soudent et les font différents des autres. Non pas étrangers aux autres, ni hostiles aux autres, mais différents, contrastés. On a gravement sous-estimé la violence du mouvement d'expropriation de l'identité des peuples. Et on a sous-estimé, en retour, la violence de la réaction qui serait à coup sûr provoquée.

L'identité permet aux peuples de vivre. Et on peut ajouter que sans identité les peuples ne peuvent pas vivre. En tout cas, ils ne peuvent pas vivre ensemble, et ils ont beaucoup de mal à porter individuellement l'insatisfaction de vivre qui est inhérente à l'humanité, et à coup sûr aggravée en temps de difficultés économiques.

Nous croyons naïvement que nous sommes nés de ce matin. À peine certains d'entre nous ont-ils le sentiment que nous sommes nés d'hier. En vérité, nous venons de si loin qu'aucune mémoire consciente ne peut nous en rendre compte. Les historiens le savent mieux que les journalistes et les poètes mieux que les historiens. Saint-John Perse l'a dit splendidement : « Une même vague par le monde, une même vague depuis Troie, roule sa hanche jusqu'à nous… » Encore Troie, sa guerre et ses guerriers, n'est-ce pas si loin… Mais nous sommes faits de tribus ancestrales, de communautés entières qui n'avaient qu'une seule loi : notre cité, notre peuple, notre religion, nos dieux, notre Dieu, sont non seulement supérieurs, mais incomparables aux autres. D'ailleurs nous sommes interdits de mariage avec voisins et étrangers, nos filles surtout, ce serait une faute ineffaçable si elles se laissaient séduire…

Et jusqu'à une ou deux générations avant nous, un soupir dans l'histoire, c'est ainsi qu'ont vécu et pensé tous ceux dont nous portons l'héritage, jusqu'à nos grands-parents. Et c'est ainsi que vivent nos contemporains, sur d'autres rives et d'autres continents, et c'est ainsi, que nous le voulions ou pas, qu'ils continueront à vivre pendant des générations.

C'est le retour de ce refoulé-là qui percute de plein fouet notre légèreté de modernes sans mémoire.

Nous avons cru avec une naïveté qui nous revient dans la figure qu'on pouvait effacer ces siècles et ces siècles de siècles comme sur table rase. Nous avons construit un modèle, parfois consciemment parfois sans y penser, dont tout le propos était de nier la différence et de piétiner l'identité.

Il faut dire que l'obsession de l'identité, vue au travers des nationalismes d'abord, des questions raciales ensuite, avait fait de tels dégâts dans l'histoire récente de l'Occident que l'on n'avait guère envie d'en entretenir la nostalgie.

Les millions de morts de la Première Guerre mondiale étaient là pour en témoigner, baïonnette au canon et gaz dans les poumons, et les morts plus nombreux encore de la seconde, en compagnie d'une autre victime, plus durement frappée : une certaine idée de l'homme disparue dans l'extermination industrielle de la Shoah.

Mais l'identité refoulée revient sous forme névrotique. Elle ne sait plus dire son nom ; elle ne sait plus bien quelle est sa vraie nature ; mais son manque ronge, son absence maugrée d'abord, puis empoisonne et explose.

L'humanité ne sait pas vivre sans identité. Et le fait de ne s'exprimer que dans une seule langue, même en chansons (!), de considérer avec condescendance ce qui reste du passé enfui, tout cela appelle une revanche. La névrose identitaire saisit toutes les occasions, se glisse dans toutes les failles pour crier son manque. C'est une maladie, c'est un symptôme.

Cette frustration est d'autant plus brûlante qu'elle est amplifiée par une sorte de guerre sociale. Et si ce n'est de guerre sociale, du moins de condescendance sociale. C'est que l'identité manque bien plus à ceux-là, « les petits, les obscurs, les sans-grade », qu'aux puissants. Les puissants sont aisément cosmopolites, citoyens de l'univers des semblables, connaisseurs de l'entre-soi. Ils défendent à chaque instant avec un haussement d'épaules que la langue française est une survivance. Sympathique, mais survivance. Eux sont aisément polyglottes, c'est-à-dire aisément anglophones ou américanophones, étudiants dans les grandes universités mondialisées, familiers des modes de vie que l'on partage par-dessus les frontières.

Et c'est pourquoi la question de la langue est une grande question politique.

La langue est une patrie

Il faudra un jour réfléchir à cette étrange défaite qui a été voulue par les prétendues élites du pays. Avoir reçu en héritage une des principales langues du monde, être parvenus à en faire la langue de la diplomatie, une des seules langues officielles de l'Union européenne et des Nations unies, et des Jeux olympiques, savoir que cette langue est parlée sur les cinq continents, fortement en Amérique du Nord, affectueusement en Amérique du Sud, massivement sur le continent qui va se développer démographiquement le plus rapidement dans le siècle à venir, l'Afrique, et consentir à ce point à son renoncement !

L'effondrement du français comme langue utilisée dans les institutions internationales est une déroute. La complicité affichée des élites françaises, alors même que la loi internationale donne à leur langue le statut obligatoire de langue de travail, à égalité avec l'anglais, est une trahison. Je comprends bien ce qui se joue : il s'agit de montrer qu'on est les bons élèves, qu'on est allés aux bonnes écoles. Et l'espèce de complexe de supériorité qui se peint sur leur visage, à ces moments où se montre leur talent linguistique, cette espèce d'orgueil discret, ce rose qui leur monte aux joues au moment de la capitulation !…

Des générations et des générations ont mené tant de combats, se sont battus pour que les lois internationales et les traités actent, en principe une fois pour toutes, que la langue de nos enfants serait une des deux langues internationales ! Et ce sont ceux qui devraient les défendre qui les abandonnent en rase campagne ! Qui abandonnent des générations de combattants et des générations d'instituteurs, des générations de culture patiente, des générations de diplomates, des générations d'écrivains, et nos enfants. Nos enfants des campagnes et des banlieues, d'abord ceux qui ont fait l'effort d'apprendre notre langue qui n'était pas celle de leurs parents ou de leurs grands-parents. Et les dizaines de millions de petits Sénégalais, de petits Gabonais, les enfants des trois cents millions de francophones d'Afrique, et les Canadiens francophones, les Québécois vaillants, ouverts sur le monde et défenseurs acharnés de cette langue qu'ils partagent avec nous et qui les fait ce qu'ils sont. Qui nous fait ce que nous sommes.

Une langue, ce n'est pas seulement un moyen de communication. C'est une manière de penser. C'est une façon de préciser et d'animer des concepts, de raconter, d'évoquer. Une langue forme et permet de dérouler une pensée. Et les idées, les concepts, ne sont pas les mêmes selon qu'ils sont formés dans un moule ou dans un autre. Pourquoi avait-on choisi le français comme la langue diplomatique dans le monde ? Parce que notre langue étant, comme un observateur l'écrit à la fin du XIXe siècle, « l'instrument de précision par excellence de la pensée humaine, tous les instruments diplomatiques, tous les traités [devaient être] écrits en français, langue à la lumineuse clarté, et à la richesse incomparable du vocabulaire ».

On m'objectera que le monde a changé. Et que tout cela c'est le passé. Il se trouve que nous sommes nombreux à y voir au contraire l'avenir. Les francophones sont aujourd'hui près de 300 millions dans le monde, dont 230 millions d'usagers quotidiens. Leur nombre a progressé de près de 10 % les cinq dernières années. C'est probablement la langue, en raison de la puissance de la démographie africaine, dont le nombre de locuteurs croîtra le plus dans les prochaines décennies, jusqu'à atteindre 700 millions dans trente ans. Ce sont eux, ces enfants nés et ces enfants à naître, ce sont eux que nous abandonnons.

Et c'est une certaine idée pluraliste du monde que nous sacrifions.

Disons-le simplement : pourquoi l'anglo-américain triomphe-t-il ? Parce qu'il est la langue de la puissance dominante. Il convient de revêtir cet emblème si l'on veut faire carrière. C'est désormais presqu'universel.

Je le conçois. J'en souffre, mais je le conçois.

Ce que je ne conçois pas, c'est que ceux qui représentent officiellement notre pays, abandonnent le combat avant même de le livrer.

Les gouvernements français et les représentants élus ou nommés au nom de la France devraient se voir rappeler que, pour tout ce qui concerne leurs interventions officielles, le français s'impose étant l'une des deux seules langues de travail du secrétariat de l'ONU, une des six langues officielles des Nations unies, et l'une des trois langues de travail habituelles au sein des instances européennes, la langue de tous les délibérés de la Cour de justice, et la langue de la Cour des comptes européenne.

Les dernières semaines ont ajouté à ma mauvaise humeur. Les informations nous ont appris que notre entreprise nationale d'aviation, Air France a mis en place un de ces grands plans d'amélioration des performances qu'on retrouve à intervalles réguliers dans la vie économique. Avec les accords et les crispations que cela suppose. Soit. Un de plus, et je ne peux qu'espérer que celui-là réussira mieux que les autres. Ce n'est pas là l'objet de mon ressentiment. Mais les dirigeants de l'entreprise n'ont rien trouvé de mieux que de nommer ce plan *Trust together*. En anglais. Pour une des plus grandes entreprises françaises, avec son personnel français, et une majorité (grande) de clients français. Je n'ai pas besoin d'épiloguer. Tout le monde voit ce que je veux dire. J'entends bien que la compagnie est privatisée. Mais « privatisée » ne signifie pas quand on s'appelle Air France expatriée. Air France a eu suffisamment souvent dans son histoire besoin de la France, et de son budget, de ses aéroports, de ses *slots* avantageux, de sa direction de l'Aviation civile, de sa situation privilégiée dans nos aéroports, et de ses passagers, pour qu'elle puisse se souvenir que sa langue n'appartient pas au passé. Et les principaux dirigeants d'Air France, qui ont tous eu des responsabilités de premier plan au sein de l'État, de ses écoles de formation jusqu'aux grands corps qui ont assuré leur carrière, devraient se souvenir de ces liens et de cette appartenance. En tout cas, si j'avais eu des responsabilités au moment de cette décision, j'aurais rappelé à qui de droit ce que France requiert.

Affaires internationales, affaires internes. Nous avons le devoir de défendre ce que nous sommes.

Agissant ainsi avec détermination et sans timidité (dans certaines situations, l'un et l'autre demandent un effort), on se place aussi aux côtés de tous ceux dans le monde qui ne veulent pas se plier. Nous redevenons les défenseurs d'un pluralisme culturel et sociétal que nous n'aurions jamais dû cesser d'être.

Imagine-t-on la situation, par exemple, et le ridicule, d'une Union européenne de laquelle la Grande-Bretagne aurait décidé de sortir, et qui continuerait à se soumettre à la loi de l'anglais obligatoire pour tous ses échanges et tous ses débats ?

D'autant qu'il ne se passera pas dix ans, j'en fais le pari, avant que des traducteurs numériques instantanés, de langue à langue, ne se logent au creux de notre oreille. Il suffit de défendre notre langue en attendant que toutes les langues obtiennent également, par la puissance de l'intelligence artificielle, droit de cité.

Le principe de souveraineté

Les peuples veulent légitimement être maîtres de leur propre destin. Encore faut-il comprendre ce que signifie la maîtrise de son propre destin dans les temps orageux que nous traversons.

Autrefois, tout était simple.

Chaque pays, chaque République, et auparavant chaque royaume, empire et même principauté, était maître chez soi. Les lois étaient les leurs, et même la religion était décidée par le souverain.

On disait volontiers « Charbonnier est maître chez soi ». C'était possible, si ce n'était pas souhaitable, voire même si c'était éminemment dangereux même dans certains cas.

Mais cette maxime « Charbonnier est maître chez soi », est passée au feu de l'histoire, et nous devrions être vaccinés contre ses effets, au moins depuis 1933.

Car un matin de septembre 1933, devant la Société des Nations, un juif de haute Silésie, nommé Bernheim, vient soutenir une plainte contre l'Allemagne nazie. Il accuse les gouvernants du régime hitlérien de « pratiques odieuses et barbares contre leurs propres compatriotes réfractaires au régime ». Et il raconte tout : l'horreur, les assassinats, les provocations, les humiliations, les profanations. C'est Goebbels qui répond au nom du gouvernement national-socialiste. Et il ne songe même pas à nier : « Messieurs, charbonnier est maître chez soi. Nous sommes un État souverain. Tout ce que raconte cet individu ne vous regarde pas. Nous n'avons de leçons à recevoir de personne. Nous faisons ce que nous voulons de nos socialistes, de nos pacifistes et de nos juifs. Et nous n'avons à subir de contrôle de personne, ni de l'humanité, ni de la Société des Nations. » Il n'y aura pas de condamnation, à peine un appel à la raison et à mieux traiter les gens.

Pour René Cassin qui rapporte cette scène révélatrice, là, précisément à cet instant, avec ces yeux qui se baissent, avec ce chèque en blanc au nom de l'absolu de la souveraineté nationale, a commencé la Seconde Guerre mondiale. Soixante-dix millions de morts. Plus une victime à l'agonie : une certaine idée de l'homme.

La souveraineté absolue, territoriale, sans autre limite que la souveraineté des voisins, a produit bien des malheurs.

Mais il faut maintenant que nous y ajoutions deux autres dimensions : la première est que cette souveraineté est tout relative ; la seconde est qu'en tout état de cause elle n'est plus possible.

L'idée que le monde a des frontières, mais que ces frontières se protègent guère, et que ne s'arrêtent aux frontières que les honnêtes gens bien pourvus de papiers, nous ne l'avons pas encore assimilée. Les frontières sont souvent le meilleur rempart pour protéger les criminels, les trafics, la traite des humains, femmes (d'abord) et hommes, le commerce des armes et de la drogue, l'évasion de l'argent noir et de la fraude. Les frontières, nous en avons sans doute besoin politiquement, juridiquement et psychologiquement, mais contre le pire elles ne sont en rien un rempart, seulement l'illusion d'une sécurité !

C'est une déstabilisation de notre être personnel tout autant que collectif que de découvrir que nous ne sommes plus maîtres chez nous, comme on essaie de nous le faire croire. Parce que « chez nous » se croisent les grands vents du monde et que nous sommes toujours plus dépendants, au moins de nos voisins.

Nous étions habitués à l'idée que les gouvernements gouvernaient. Ils jouaient avec la monnaie. Ils « relançaient » l'économie. Ils créaient des droits sociaux. Tout cela de leur plein gré.

C'était la « souveraineté ». « Le peuple souverain s'avance… » chantait le vers le plus martial du plus martial des hymnes : *Le Chant du départ*, qu'aimèrent Robespierre, Napoléon et Giscard. La victoire en chantant ne nous ouvre plus souvent la barrière. Parce qu'en vérité, ce sont les barrières qui sont illusoires.

Il faut au contraire penser le monde où nous agirons, en sachant que les barrières ne barrent plus grand-chose. C'en est fini des forteresses et des lignes Maginot. Notre liberté première ne sera plus d'empêcher le monde de nous atteindre, mais de nous organiser au mieux pour que nous puissions atteindre le monde, protéger ensemble et faire rayonner ce que nous avons de plus cher.

Entendons-nous bien ! Je crois profondément à la souveraineté civique, à la souveraineté des peuples.

C'est l'idée la plus fondatrice et la plus libératrice : nous ne subissons plus la destinée qui nous est imposée. Nous ne subissons plus les décrets des puissants. Nous reprenons le contrôle de notre propre vie. C'est vrai pour les individus que nous sommes. Et c'est vrai pour les peuples.

C'est le sens du vaste mouvement démocratique qui s'est répandu en Occident dans les deux derniers siècles. Nous y sommes encore. On croit que deux siècles, c'est très long. On se trompe. À peine six ou huit générations. Un père, un fils, dans la même pièce, ce sont deux personnes. Deux siècles, six ou huit personnes. On croit que tout change et que ceux-là n'ont rien à voir les uns avec les autres. On se trompe, et le profond, le dissimulé, l'oublié, ne cesse d'affleurer, de réapparaître, comme les résurgences des fleuves dérobés, enfouis, et qui, plus loin, referont source.

La recherche de la souveraineté, c'est le sens même de la grande vague de décolonisation qui a saisi des continents entiers, en Afrique, en Asie, et ramené les puissances coloniales, la France, l'Empire britannique, à de plus modestes attitudes et de plus réalistes dimensions. C'est d'ailleurs un paradoxe grinçant que les souverainistes de droite soient les plus violents contre l'histoire de la décolonisation. Ils exigent la souveraineté pour eux, chez eux, ils la méprisent et la combattent pour les autres, chez les autres.

J'affirme donc ceci : tout ce qui permet aux peuples de décider de leur avenir, aux citoyens de dessiner et de sculpter un futur qui leur agrée, tout cela leur est dû. C'est leur droit et c'est un devoir envers eux que de leur garantir l'exercice effectif de ce droit. L'exercice effectif, pas seulement théorique, pas seulement allégué, pas seulement invoqué, pas seulement prétendu.

La souveraineté effective implique que l'on puisse décider effectivement dans le domaine du possible et du réel. Pas dans le domaine de l'impossible, du virtuel qui ne se réalisera jamais.

Ici passe la frontière. D'un côté le vrai, de l'autre l'illusion. Prétendre exercer la souveraineté dans le domaine de l'illusion, c'est cracher à la figure de la démocratie et de la souveraineté. C'est ce qu'il y a de pire, ce qu'il y a de plus lâche. C'est se moquer des pauvres. C'est se moquer des faibles.

Les puissants, eux, ne sont pas dupes. Dans leur esprit, il y a l'idée que les promesses n'engagent pas vraiment ceux qui les formulent. Que tout cela, ce sont des appâts pour les bancs de poissons, les bancs d'électeurs. Les bancs de mulets. Amener tendancieusement, par la manipulation, par les flamboyantes promesses illusoires, les électeurs dans son filet. Et qu'il n'y a que le résultat qui compte, qu'il faut bien en passer par là. Et tout le monde, spécialement tout le monde des puissants, a un sourire entendu.

Aujourd'hui, on appelle ça « communication ». Hier on disait « propagande ». C'était plus franc. Mais dans ce monde frelaté, tout le monde parle par antiphrases, par anti-mots. Presque tous les mots qu'on nous sert, signifient en réalité le contraire de ce qu'ils disent : dans *1984* de George Orwell, le ministère de la Vérité, c'était le nom du ministère de la Propagande, et le collège de la réussite, c'est celui qu'on propose aux élèves en difficulté. Et la révolution est à toutes les sauces, spécialement pour défendre l'ordre établi.

Les puissants ne sont pas dupes. Mais les autres, ceux au milieu desquels nous avons grandi. Eux, ils croient. Eux, ils donnent leur foi. Eux, ils n'ont pas d'autre ressource, ils n'ont pas d'autre défenseur que celui ou que celle qui va parler en leur nom. Personne pour porter leur voix, pour sentir et porter leur prière muette. Et le démagogue qui par ruse ou par bêtise, c'est possible aussi, par défaut de jugement, par courte vue, ou par grosse habileté, gros cynisme de comptoir, ou gros cynisme de sondages, les enflamme pour mieux les abandonner, celui-là c'est comme s'il leur crachait à la figure.

C'est pourquoi c'est un crime contre l'esprit, pire, c'est un crime contre les faibles, que de prétendre exercer la souveraineté dans un domaine où la souveraineté ne peut avoir de prise.

On vient de vivre cela. Ces jours même : en 2015 et 2016, ces années, ces mois contemporains. Chez nous, en Europe.

C'est l'histoire actuelle et contemporaine de la Grèce.

L'acteur principal de cette tragédie se nomme Tsipras. Et je ne prends Tsipras ni pour un malhonnête, ni pour un fourbe. Je le prends pour un homme politique avec de l'envergure et du charme. Et du courage. Mais qui s'est retrouvé pris au piège pour avoir préféré l'illusion idéologique à la politique de vérité. La politique idéologique séductrice, à la politique de vérité émancipatrice.

Le 26 janvier 2015, à la tête de son organisation de gauche et d'extrême gauche, Syriza (ce qui signifie « Coalition de la gauche radicale »), il obtient un succès historique et la quasi-majorité des sièges. Il a plaidé pendant les élections pour refuser les efforts et les sacrifices exigés par la *Troïka*, la formation d'experts représentant la

Commission européenne, la Banque centrale européenne et le Fonds monétaire international, chargés ensemble d'intervenir face à la crise grecque.

Au passage : je ne comprendrai jamais comment les « autorités » européennes choisissent les noms qu'elles donnent ou laissent donner à leurs interventions. Dans la mémoire collective européenne, *troïka,* ce n'est pas le joli traîneau emporté par trois chevaux que montraient les gravures du XIXe siècle. *Troïka,* de sinistre mémoire, le nom porte le souvenir des grandes purges sous Staline, l'image sombre du NKVD, la police politique du régime pendant les années 1930 et 1940, le pourvoyeur du goulag.

Et au passage encore : qu'est-ce que le Fonds monétaire international vient faire dans les affaires grecques et européennes ? Quel conformisme de soumis a amené un grand continent souverain, un ensemble de pays dont deux siégeaient au Conseil de sécurité des Nations unies, une puissance économique qui est de fait la première de la planète, à faire appel au Fonds, comme si elle était une zone en détresse, réputée en développement, et traversant de grandes crises financières, comme le Zimbabwe ou l'Argentine ? Imagine-t-on que les États-Unis fassent appel au FMI, dont ils accueillent pourtant le siège sur leur sol, quand la Californie menace de faire défaut ? Un aveu de faiblesse à la face du monde. La confession publique de leur pusillanimité. Oh ! on voit bien ce que cherchaient sans le dire – ils ne disent jamais rien ! – les dirigeants de l'UE en invitant le FMI dans ce traîneau. Il s'agissait de répartir les rôles : s'abriter derrière l'apparente neutralité de l'institution washingtonienne, qui jouerait le rôle du méchant, et sauver, un peu, les apparences de leur impitoyable intervention. Le paradoxe est que le FMI, bien entendu, s'est retourné dans ce jeu de rôle. Il s'est mis à officiellement préconiser l'abandon des créances européennes en faveur de la Grèce tout en refusant obstinément d'abandonner aussi peu que ce soit des siennes. Bien fait pour la technocratie et les hypocrites de toute peau !

Il demeure que, contre la Troïka, contre le FMI, contre les institutions de l'UE et de la banque, avec le peuple grec en souffrance, Tsipras et Syriza ont gagné les élections par une telle marge qu'ils peuvent désormais gouverner quasiment seuls, obligés uniquement d'obtenir le seul concours d'une petite formation d'extrême droite.

Commence alors le bras de fer autour des tables de négociation européennes. L'éruptif ministre des Finances de la Grèce se nomme Varoufakis. Varoufakis et Tsipras, de concert, refusent, vitupèrent, affirment qu'ils n'accepteront jamais les conséquences des mises en demeure qu'ils subissent. Retraites, changements de gestion, privatisations forcées : à bon droit, ils portent les revendications des citoyens qui les ont élus sur le programme de résistance à l'austérité forcée.

À bon droit : c'est leur engagement. À juste titre ? C'est autre chose. Le choc des volontés ne suffit pas. Rien ne bouge vraiment : Athènes est incapable de remplir ses engagements de remboursement des emprunts de toute nature que la République a contractés.

Six mois à peine se passent. L'Europe tout entière retient son souffle. Les « marchés » sont pris de frayeur.

Alors, Tsipras joue son va-tout. « Donnez-moi un point d'appui et je soulèverai le monde », disait il y a vingt-trois siècles cet autre Grec, Archimède.

5 juillet 2015 : Tsipras choisit le point d'appui d'un référendum du peuple grec : veut-il accepter les conditions de la Troïka, ou comme le Premier ministre le lui recommande, les refuser. Le « non » demandé par Tsipras l'emporte en un raz-de-marée. Près des deux tiers des Grecs suivent le chef du gouvernement. Les journaux français titrent : « Triomphe de Tsipras ». Tous annoncent qu'il sera désormais en situation de force pour négocier.

C'était le 5 juillet, un dimanche. Dix millions de Grecs se sont rendus aux urnes et six millions ont dit leur soutien. Alexis Tsipras revient auréolé de ce succès à la table des négociations.

72 heures après à peine, quatre mille minutes plus tard, le jeudi suivant, le vainqueur proclamé signe la reddition sur toute la ligne et accepte toutes les conditions qu'il proposait à son peuple de refuser ! Quatre jours seulement, quelques heures d'incroyable coup de théâtre, d'inimaginable renversement de situation ! Le mandat que vient de donner le peuple grec, mandat public sur lequel le peuple souverain du pays qui a inventé la démocratie, ce mandat est déchiré à la face de l'Europe et du monde !

Varoufakis s'en va. Son successeur, au pays d'Archimède, se nommera Euclide…

Tsipras est-il un traître ? Tsipras est-il un nouvel Alcibiade, n'hésitant pas à se mettre au service des ennemis de sa cité ? Je n'en crois rien. Je crois au contraire que Tsipras a dans ces journées cruciales envisagé toutes les hypothèses et toutes les conséquences du refus qu'il proclamait nécessaire. Et il a conclu que le remède serait bien pire que le mal et que l'impasse dans laquelle il s'était enfoncé avec enthousiasme, dans laquelle il avait conduit son pays, en faisant tapis comme au poker, serait au bout du compte tragiquement ruineuse. Pour tout le monde. Et spécialement pour les plus pauvres.

Spécialement, parmi tout le monde, parmi tous les citoyens, spécialement pour les plus démunis.

C'est cette situation qu'il faut essayer de comprendre. Comme dans la tragédie grecque, le chœur de la pièce mise en scène, c'est aussi le chœur qui dit la malédiction humaine quand les mortels veulent échapper aux lois immuables.

Car il y a des lois immuables. Il est une à peu près intangible. On peut faire tous les discours du monde. On peut convoquer tous les référendums dominicaux qu'on voudra. On peut les gagner tous. Il n'empêche. Quand vous êtes un pays qui a besoin d'emprunter pour assurer ses fins de mois, et les plus nécessaires et les plus honorables, les salaires des fonctionnaires, les retraites des plus âgés, l'éducation des plus jeunes, vous dépendez d'une seule garantie : pour que les créanciers, banques ou pays, ou épargnants, c'est la même chose, consentent à vous prêter, il faut qu'ils jugent probable, d'une manière ou d'une autre, de se voir remboursés.

Tu peux rembourser, je te prête bien sûr ; tu ne peux pas rembourser, je ne peux pas te prêter. Tu es à la rue.

Si je ne suis pas tout à fait sûr que tu puisses rembourser, je vais prendre un risque, mais ce risque je te le ferai payer. Bien sûr. Je juge le risque : si le risque est élevé je te prête à un taux très haut, usuraire si tu ne peux pas me garantir. Si le risque est faible, je te prête à un taux faible. Près de 0 % si je suis archi-sûr que ce placement sera sans aucun risque, dans un monde où le risque est partout.

Mais si je suis sûr, certain, que tu ne pourras pas me rembourser, je regrette, mon cher ami, mais je ne peux rien te prêter. Rien. Et tu fais faillite, et tu ne peux plus payer de ce que quotidiennement tu dois, ni tes fonctionnaires, ni tes retraites, ni tes dettes, ni tes budgets sociaux. Rien.

C'est sur ce mur que Tsipras s'est brisé. Tragédie grecque. Lois immuables. Hommes punis, même héroïques, quand ils choisissent d'ignorer les lois non dites, mais irréductibles.

Et qui a perdu ? L'idéologie de Syriza a perdu. Avec elle, même s'ils le nient, tous ceux qui avaient mis en Tsipras leurs espoirs et leur foi. Toutes les brigades internationales, qui avaient choisi Tsipras et Syriza pour patrie symbolique, tous les courants, qu'on me permette de le dire sentimentalement estimables, qui poussaient à cette contestation radicale. Et ils étaient nombreux à tenir meeting avant les élections, avant le référendum !

D'une certaine manière Tsipras a perdu. En tout cas le premier Tsipras, le combattant, le militant, l'icône. Le second Tsipras, celui des accommodements, celui qui a fini par regagner des législatives en septembre, sur la thèse inverse de celle que défendait le Tsipras de juillet, on ne sait pas encore. Son sort se jouera dans l'année qui vient. Il n'est pas tout à fait impossible qu'il se sauve électoralement, mais par rapport à ce Tsipras de janvier et juillet qui lui ressemblait comme un frère, il est dévalué.

Et à coup sûr le peuple grec a perdu. Il a perdu du temps et des illusions. Et la démocratie a perdu, la démocratie inventée à Athènes, la démocratie qui est une compatriote de Tsipras…

Car le peuple a choisi de mettre sa foi dans une ligne qui a été abandonnée, et démentie, et trahie, par ceux-là même qui la proposaient et la défendaient.

La démocratie suppose la réalité de la souveraineté.

Et c'est pourquoi je me suis battu toute ma vie contre les faux prophètes de la dette, du recours éternel aux déficits. Non pas pour des raisons morales, encore que. Car on conviendra qu'il n'est pas très moral pour une génération de parents et de grands-parents de tirer pour leur confort actuel des traites sur la vie et le travail de leurs enfants et petits-enfants ! C'est même franchement une atteinte au contrat social de tous les temps qui peut s'énoncer ainsi : je t'élève, je te fais grandir, je te laisserai ce que je peux, tu seras libre, affranchi, et si tu peux, tu me secourras.

Nous, cette génération sans conscience, c'est : je vis aussi bien que possible, je choisis le mieux pour moi et mes contemporains, et toi, une fois élevé tu seras bien bon de ne point t'occuper de ton confort et de celui de tes enfants, mais de travailler pour acquitter les traites que je te laisse.

Mais au-delà des raisons morales, au-delà des raisons qui tiennent au futur et aux difficultés du futur, il y a les raisons contemporaines, les raisons d'aujourd'hui. C'est que, quand tu es endetté, et que tu as l'intention de t'endetter encore, tu es dépendant. C'est ta souveraineté qui est amoindrie, et assez souvent, comme le montre la parabole de Tsipras, abolie. Comme le montrent Tsipras et tous les surendettés angoissés, paralysés, de notre société de crédits revolving.

Et si la souveraineté est abolie, alors la démocratie est niée.

Il est aussi peu crédible de prétendre décider souverainement, par un vote, de mettre en place une politique qui nierait les grandes lois économiques, les immémoriales lois de l'échange, que de vouloir décider par un vote de la météo de l'année, ou de la semaine qui vient. Pourtant, Dieu sait que la météo est importante pour les activités humaines ! Mais je ne peux pas en décider par un vote ! La météo n'entre pas dans le domaine de la souveraineté populaire. La pluie, le vent et le soleil n'entrent dans le domaine de quelque souveraineté humaine que ce soit. Les lois de l'échange non plus.

Et si un tribun, même bien intentionné, même sincèrement ému par les risques d'inondation ou d'insolation, ou de sécheresse, me propose de voter pour son parti afin d'enjoindre aux anticyclones ou aux dépressions de se comporter comme nous voudrions qu'ils se comportent, celui-là me raconte des histoires. Celui-là surprend mon intelligence, et me dépouille donc de ma part de souveraineté. Surtout, celui-là porte atteinte à l'une des seules richesses des pauvres, celle qui en fait à un moment rare, une fois tous les cinq ans par exemple, à un moment précieux, les égaux des plus riches et des plus puissants. Il piétine leur souveraineté en la dévoyant.

Cela est de tous les temps.

Mais il est une réalité qui touche à la souveraineté des temps plus contemporains. Une autre loi. Plus discutable. Mais non moins réelle. C'est la loi du plus fort. Ou pour mieux dire, la loi des plus forts. À la fois, la plus ancienne et la plus contemporaine des lois de l'histoire qui traverse les peuples et les continents. On souhaiterait que cette loi ne prévale pas sur la loi morale. Mais la vérité, le mot de la fin qu'apporte le réel, c'est que les plus forts imposent leur loi au plus faible, et que, quand ils ne le peuvent pas, ils s'entendent avec d'autres forts pour y parvenir.

Si l'on revendique la souveraineté pour s'occuper de ses affaires propres, il ne faut pas dépendre du reste du monde.

Et si l'on revendique la souveraineté pour s'occuper de ses propres affaires, il faut aussi pouvoir peser sur les affaires du monde dont dépendent nos propres affaires.

C'est pourquoi de même qu'il n'existe pas de souveraineté si l'on est obligé d'emprunter pour vivre, il n'existe pas non plus de souveraineté solitaire pour qui ne peut égaler la force des puissants.

Quand on ne pèse pas assez lourd pour contrebalancer les plus puissants, il faut s'allier avec d'autres, avec des proches, pour que l'ensemble formé protège chacun de ses membres et leur apporte l'influence dont ils ont besoin.

C'est la justification même et la question de l'Europe.

La question de l'Europe

La question de l'Europe est si importante qu'elle mérite qu'on la dépouille de tous ses artifices et de tous ses oripeaux pour la poser dans sa radicale simplicité.

Première question : l'Europe est-elle la fin des patries ?

Il n'est pas indifférent qu'il revienne à des amoureux de l'Europe à construire de défendre l'avenir de l'idée de patrie.

L'Europe n'est pas l'ennemie de l'idée de patrie, et si elle le devenait, elle en mourrait. Ce que nous croyons au contraire, c'est que l'Europe est indispensable à la survie et à l'influence des pays et des nations qui la forment.

Il faut comprendre que pour l'immense majorité d'entre les Français et pour l'immense majorité des défenseurs de l'idéal européen, nous aimons la France charnellement. Nous ne le cédons à personne lorsqu'il s'agit de cet amour, pas un pouce de terrain sur l'histoire, pas un millimètre sur la langue, pas un souffle sur l'intérêt du pays et du peuple. Nous sommes prêts à en remontrer à qui voudra.

Nous voulons la France éternelle, cette harmonie d'hommes et de terre, de lettres et de musiques, de paysages, de foi et de raison, la France cette dissidente, et c'est parce que nous la voulons éternelle que nous ne la voulons pas seule.

C'est un bien étrange contresens qu'on a fait ou qu'on a laissé faire en laissant des esprits courts opposer Europe et patrie. Comme si l'édification de l'une supposait l'effacement de l'autre. Or, c'est exactement l'inverse : l'édification de l'une, si on la conduit selon des principes fortement établis, est la seule garantie de la survie de l'autre.

Un pays comme le nôtre dans un temps comme le nôtre peut-il vivre isolé ? Quitte à surprendre, je répondrai que la réponse est évidemment oui. Il le peut. Il peut se débrouiller, passer entre les gouttes. Il peut bricoler. Et peut-être pas trop mal. Mais il ne peut pas s'isoler s'il veut non seulement vivre ou vivoter, mais être reconnu, défendre ses idéaux et ses intérêts au niveau des plus grands et peser sur les affaires du monde.

Car en ce XXIe siècle, les affaires du monde sont aussi affaire de masse et de taille. La population, l'importance de la zone commerciale, le poids de la monnaie dans les échanges internationaux, l'influence diplomatique, tout cela compte dans les débats du monde dont dépendent directement et étroitement nos conditions de vie.

Si l'on veut avoir un mot à dire sur les échanges internationaux, sur les normes juridiques, sur les grands équilibres de la planète qui nous concernent et qui nous cernent, alors on ne peut pas demeurer seuls en ne pesant que soixante-cinq millions d'habitants, soit 5 % de la population de l'Inde et de la Chine, un sixième des États-Unis, avec une surface de territoire métropolitain qui équivaut à 3 % de la surface de la Russie et 5 % de celle des États-Unis, de la Chine ou du Brésil. Le territoire est aussi un élément de la puissance, notamment parce que les matières premières sont étroitement liées au sol et au sous-sol. Dans la grande confrontation internationale, comme ailleurs, plus qu'ailleurs, la solitude est mortelle et l'union seule fait la force.

J'entends bien que nous avons hérité d'une influence diplomatique due à notre histoire. Je sais bien quelle est l'importance de notre armée et de notre capacité d'intervention sur certains terrains, notamment africains. Je n'oublie pas que nous avons, et c'est très important, un siège au Conseil de sécurité des Nations unies. Je sais que nos outre-mers nous permettent de voir au-delà de l'horizon métropolitain. Rien de tout cela ne m'est étranger ou indifférent. Mais combien de temps tout cela durerait-il, et quelle serait sa portée, si nous nous retrouvions pris ou repris non pas dans la confrontation des cinq ou six grands ensembles de l'Univers, mais rappelés dans la compétition des nations au sein de l'Europe ?

Les observateurs internationaux ont vu que le président des États-Unis dans le dernier voyage de son mandat a fait deux escales en Europe : l'une à Londres et l'autre à Berlin. Et les mêmes ont remarqué que la chancelière allemande a engagé un dialogue direct avec Istanbul sur les réfugiés, avec Londres (encore) sur les conditions d'existence de l'avenir en Europe, avant que le Brexit, que les Britanniques vont devoir assumer en y perdant beaucoup, ne tranche cette question.

Cette absence, c'est la sanction de notre faiblesse, j'espère passagère, mais qui deviendrait définitive si l'Union européenne se dissolvait. Reprendrait alors le jeu des puissances et l'on verrait les indices de puissance se distribuer sur le seul critère du poids et de la dynamique propre de chacun des États européens. Et l'on s'apercevrait alors que les plus grands parmi eux sont tout petits ! L'Allemagne seule, sans doute, en raison de son poids économique et des efforts qu'elle a consentis pour l'acquérir se tirerait de cette situation avec un relatif avantage.

Mais elle serait elle aussi rapidement déstabilisée. À l'instant de la dislocation, elle serait rattrapée par les inconvénients de ses avantages. L'importance de ses excédents commerciaux ferait immédiatement monter sa monnaie : l'euromark qu'elle contrôlerait battrait immédiatement des records à la hausse, et elle vérifierait les inconvénients d'une monnaie réévaluée sur les exportations. Quant à nous, c'est encore plus simple : notre monnaie à nous, un eurofranc, ou un euro méditerranéen, dégringolerait à l'instant. Pour un pays en déficit commercial, qui importe beaucoup plus qu'il n'exporte, le prix des importations se renchérirait d'autant. La sanction serait immédiate. Et le coût de notre dette exploserait !

La loi est dure, mais c'est la loi : désormais et pour longtemps, le règne de la quantité est le signe des temps[1].

Cet argumentaire est brutal. Il a le mérite de la robustesse. Il est impitoyable.

Je ne dis pas que si les choses tournaient mal, si les forces de la division et de la dispersion venaient à l'emporter en Europe, et l'Union à se dissoudre, il faudrait baisser les bras. Il ne faut jamais et en rien baisser les

1. *Le Règne de la quantité et les Signes des temps*, est sur un tout autre sujet le titre de l'œuvre majeure de René Guénon qui fascina ma jeunesse, et me fut découverte par un homme à qui je dois beaucoup et qui fut mon maître avant d'être mon ami : Jean Biès, qui vient de disparaître nous causant un grand chagrin.

bras. L'œuvre de reconstruction obligerait à remettre sur le métier l'ensemble de notre société, de notre économie, des facilités monétaires dont nous avons profité, et notre contrat social serait profondément remis en cause.

Mais ce serait alors pour la France une tout autre aventure. Nous y serons peut-être contraints un jour ou l'autre, c'est possible. Je ne l'écarte pas, sachant bien que la folie des hommes n'a pas de limite. Mais – ne nous trompons pas ! – nous aurions alors à payer le prix fort pour faire face au cours nouveau des choses. L'isolement, par la force des choses, nous serait immédiatement imposé. Nous ne pourrions dès lors compter que sur nos propres forces, et il y a longtemps que nous n'avons pas eu à prendre la mesure de ces contraintes et de ces efforts.

Nous aurions à acquitter un prix considérable, qui se paierait d'un bouleversement des conditions de vie individuelles et collectives de notre peuple.

Pour autant, ce n'est pas seulement la menace qui a fait l'Europe, et ce n'est pas d'abord la menace qui doit la maintenir.

Pour beaucoup d'entre nous, et d'abord pour moi, l'Europe est avant tout un choix positif.

L'idée d'Europe est aimable. L'Europe est aimable comme est aimable une famille quand ses membres partagent des goûts et des couleurs, ou comme est aimable une association qui défend une passion partagée. Ces goûts, ces couleurs, cette passion, c'est une société et une civilisation.

L'Europe, ce n'est pas l'étranger, l'Europe c'est chez nous.

Nous vivons la même vie, les mêmes loisirs, nous sommes issus de la même tradition religieuse, judéo-chrétienne, même dans des confessions différentes, des mêmes débats de la Raison. Nous pratiquons à peu près les mêmes sports. Nos vies démocratiques sont proches. Nos langues elles-mêmes sont parentes. L'architecture de nos villes respire les mêmes formes. Les villages ont la même taille, les paysans les mêmes cultures, les villes sont bâties sur des plans proches. Partout des clochers et des cloches. Partout des maires ou des bourgmestres. Partout des magistrats et des avocats. Partout des universités et des professeurs. Il y a nombre de nuances, bien sûr, et heureusement, selon que le fond de l'air est plus souvent frais, froid ou chaud. Mais où qu'on soit sur le continent, on est chez soi. On respire l'air d'Europe.

Et au fond, on croit les mêmes choses. De la place de Dieu, respectée mais relativisée, à la place des femmes, gagnée de haute lutte ; de la liberté personnelle défendue à la liberté d'association, de manifestation et de contestation ; de ce que les uns appellent « libéralisme », à ce que les autres nomment « socialisme » ou « social-démocratie », « démocratie d'inspiration chrétienne », et même aux nationalismes modérés, la gamme paraît large mais c'est une gamme de nuances.

Les fêtes sont les mêmes, les musiques sont les mêmes, ce sont les mêmes peintres et les mêmes sculpteurs et les mêmes architectes qui projettent leurs formes et conduisent l'évolution des goûts.

Et surtout, croyant les mêmes choses, vivant la même vie, nous sommes voisins. Voisins, porte à porte, voisins et contigus, cela ne se choisit pas.

Dans le Béarn ancien, et encore il y a moins de trente ans, le *voisinage*, *vesiatje*, *besiatje*, comme on écrivait jadis, était la structure sociale première. Les obligations que se devaient les voisins étaient rigoureusement codifiées, partage des moments heureux et d'abondance, baptêmes, mariages, fête païenne du cochon, et partage obligé des moments de deuil, de la mort, de l'ensevelissement. Les voisins avec qui on voisinait, étaient nécessairement au nombre de quatre, soigneusement répertoriés, puisqu'il y avait quatre poignées au cercueil qu'après avoir honoré le mort et préparé son aspect, on devait porter en terre et poser en son tombeau. De ses propres mains. Rompre le voisinage, c'était une atteinte profonde et souvent irrémédiable.

C'est qu'en effet, avec les voisins il n'y a pas de juste milieu. C'est la haine ou la paix chaleureuse, régulièrement ressourcée. On est trop près pour l'indifférence. L'indifférence va avec le lointain, pas avec le proche.

Nous, Européens, avons essayé la haine et nous avons failli y laisser la peau. La vie de nos fils, par millions. Tu sais ce que c'est la mort des garçons par millions ? Au passage, à Auschwitz et à Hiroshima, fut mise en danger aussi la peau de l'humanité.

Pour être allés au bout de la haine, y avoir laissé nos villes et nos garçons, et nos filles violentées, et nos villes brûlées, et les morts-vivants dans les camps, à bout de forces et de déshonneur, nous avons conclu qu'il fallait rebrousser chemin, et choisir l'autre route, la paix et la chaîne humaine qui permet d'éteindre des incendies et de construire, aussi bien des maisons que des usines et des cathédrales.

Et nous avons bien fait. Aujourd'hui il est de bon ton de parler de cette immense œuvre humaine avec un brin de condescendance, et de s'attarder sur les insuffisances. Je ne partage pas ce scepticisme. Quiconque est incapable d'admirer est inapte à élever des enfants. Inapte à vivre. Trop court.

Ceux qui ne voient pas la grandeur, je les refuse et je les récuse. Je les renie. « Petits cœurs, petites bouches, ceci n'est point pour vous » comme dit Bernanos. J'imagine que les types qui construisaient les cathédrales ou le Pont du Gard devaient aussi avoir des ampoules aux mains, et la cuisine ne devait pas toujours être formidable et la pierre pouvait avoir quelques défauts, et tous les compagnons n'étaient pas identiquement doués, mais la grandeur de l'œuvre s'élevait peu à peu au-dessus des petitesses et des contingences. Ainsi de l'Europe, la grande œuvre du siècle vingtième.

Le monde, s'il réussit à trouver l'équilibre qui le sauvera, va nécessairement s'organiser en grands ensembles qui assureront en même temps la diversité nécessaire à la vie et une relative harmonie.

Russie, Sud-Est asiatique, Chine, Amérique du Sud, Amérique du Nord, Afrique, Moyen-Orient, Europe. C'est la nouvelle carte de l'univers ordonné. Beaucoup de ces ensembles (que l'on songe au Moyen-Orient et à l'Afrique noire) sont encore fort loin d'avoir édifié leur entente. L'Europe, elle, a fait la première le pas décisif. Nous devrions le proclamer comme notre fierté.

Il y a loin de cette nécessité harmonieuse que l'esprit des citoyens européens a voulue et réalisée pendant des décennies à la morosité d'aujourd'hui. Je ne vais pas réciter le bréviaire européen. Je l'ai fait dans d'autres livres et on me fera crédit de mon engagement sur ce sujet.

Je suis pour l'Europe politique. C'est un mot un peu abstrait, qu'on comprenait très bien il y a cinquante ans, devenu difficile à saisir pour l'esprit contemporain.

Simplifions. Il y a deux projets qui souterrainement s'affrontent depuis des décennies.

Le premier est le projet d'une Europe limitée à l'économie et au commerce, Europe du chacun-pour-soi et de la banque pour tous, du laisser-faire et de la concurrence universelle comme espoir suprême et suprême pensée. On dit parfois, *zone de libre-échange.*

Et le second, projet d'une Europe où l'on décide d'agir ensemble pour que cela aille mieux chez nous et, autant que possible, un peu moins mal chez les autres. Une Europe qui n'oublie pas ce que sont la guerre et la paix, et qu'il faut conjurer l'une et bâtir l'autre. Une Europe qui remet le commerce à sa place, qui n'est pas la première, et qui sait qu'elle a quelque chose de précieux à défendre et à promouvoir du côté du droit et de la culture. Du côté de la recherche et de l'innovation.

Une voix dans le monde et des valeurs chez nous.

Simple comme toujours, comme depuis le début de la civilisation : Europe du verbe « avoir » d'un côté, Europe du verbe « être » de l'autre.

Si l'on veut seulement faire du commerce sans frontières et sans entrave, il suffit d'avoir des normes et des tribunaux. Et encore même pas, des arbitrages privés suffiront à ces affaires.

Si l'on veut faire un monde meilleur il faut s'engager ensemble, réfléchir ensemble, se défendre ensemble, mettre en commun des capacités diplomatiques et militaires, décider, oublier d'être naïfs. Si c'est ce destin qu'on choisit, alors il faut faire de la politique. Ensemble.

Je crois précisément que c'est là, dans cet énoncé de la nécessité de l'Europe politique, et dans l'insuffisance de sa réalité, que réside la cause première de tous les maux européens. Je n'oublie pas qu'il y a plein de causes secondes : l'égoïsme général, et les égoïsmes nationaux, les intérêts particuliers, l'armée des lobbies, le poids discret mais fort présent de nos grands partenaires mondiaux, les États-Unis, la Chine, pour ne citer que ceux qu'une Europe unie pourrait directement gêner, même s'ils jureront, la main sur le cœur, qu'il n'en est rien[1].

Je peux en remplir des volumes. Il est cependant une cause première, primale, qui est si apparente que nous ne la voyons pas, comme la *lettre volée* de la nouvelle d'Edgar Poe, que tout le monde cherche dans les cachettes les plus improbables, qui est devenue introuvable parce qu'elle est en évidence au milieu de la table.

Si on veut une Europe politique, il faut faire de la politique ensemble.

Or nous ne savons faire de la politique que séparément : chacun chez soi, chacun dans son pays. Là les passions se déchaînent, là les débats et les sondages, et l'approche des élections fait monter la température. Rien de tel pour ce qui touche à la vie politique de l'Union européenne.

L'Union européenne a les apparences d'une démocratie formelle, mais rien d'une démocratie réelle. Il y a un Parlement européen, formé de personnalités qui sont pour le plus grand nombre estimables et passionnées par leur engagement. Elles donnent à ces délibérations incessantes toute leur intelligence et toutes leurs forces. Il y a un Conseil, formé des gouvernants nationaux, porteurs chez eux d'un vrai pouvoir, ce qui correspondrait dans les démocraties fédérales à un Sénat majestueux. Il y a une Commission chargée de faire appliquer les décisions, de

1. Ça, c'était avant Trump. Trump ne fait même plus semblant.

gouverner l'Administration et de proposer des lois nouvelles. C'est un triptyque presque parfait. Sauf que. Sauf que ces institutions parfaites sur le papier fonctionnent entre elles, et qu'il n'y manque qu'un détail : le peuple souverain.

Or il n'existe pas, nulle part, jamais, et tout particulièrement au XXIe siècle, au temps de l'information omniprésente, au temps d'Internet, il n'existe pas et ne peut exister de démocratie d'où le peuple soit exclu, où le peuple soit aboli.

Demandez donc autour de vous. Dans les bistrots, en famille, comme dans les cénacles les mieux formés posez des questions simples : quelles sont les décisions qui ont été prises ces derniers mois ou ces dernières années par les autorités européennes ? Ces décisions, qui les a prises ? Quels sont les débats qui les ont précédées ? Quelles sont les décisions en préparation ? Qui les prépare ? Ajoutons cette question subsidiaire : quelle est la position par exemple des gouvernants français, ou allemands ou belges sur ces sujets ? Il n'y a pas un citoyen français sur mille, même dans les milieux les plus avertis, qui sache qui décide, où on décide, ce qu'on décide en son nom dans les instances européennes.

Comment voulez-vous que cette immense machine marche dès lors qu'elle est privée de la légitimité première, celle du débat auquel les citoyens conscients ont le pouvoir de participer. Car si nous n'avons pas la moindre chance d'accéder aux décideurs, à leurs raisons et à leurs torts, si nous sommes exclus de tout, alors nous n'aurons qu'un réflexe, et il est justifié : c'est de rejeter la machine illisible, inconnaissable, labyrinthique qui prétend gouverner nos vies sans que nous y ayons aucune part !

Dès l'instant que nous, citoyens, sommes exclus du mécanisme des décisions, du champ clos où elles se prennent, de l'information la plus élémentaire, alors ne reste qu'un recours : le rejet. Il y a longtemps que les citoyens ne signent plus de chèque en blanc, à qui que ce soit, et moins encore à ceux dont ils ne connaissent même pas l'existence, même pas le nom, même pas l'ombre. Quel crédit ferions-nous à ce millier de responsables de premier plan, à leurs collaborateurs, à leurs conseillers, à ceux qui cherchent à les influencer, si nous ne savons même pas qui ils sont. Quelle confiance faire à un labyrinthe dont nous ne connaissons même pas l'architecte, et pas un seul visage de ceux qui le peuplent ?

Cette exclusion est le poison qui ronge l'ensemble de l'organisme européen. Toutes les décisions apparaissent arbitraires, tombées on ne sait d'où, donc soupçonnables et soupçonnées. Le secret qui entoure leur préparation les condamne. Personne parmi les gouvernants n'assume un débat. Les débats du Parlement européen n'atteignent jamais la conscience des citoyens. Tout se passe dans l'ombre et personne ne voit que cette pratique est incompatible avec l'attente des peuples et prive les décisions prises, et le fonctionnement tout entier de toute légitimité.

Ce n'est pas une tâche facile que de porter un tel diagnostic quand on est acquis à l'idéal européen. Les « anti », qui sont les plus nombreux, vous mettent en accusation et les « pro », de plus en plus assiégés, vous regardent avec des yeux lourds de reproches, comme si vous trahissiez la cause. Les initiés, familiers du labyrinthe, ont l'impression d'une injustice : ils travaillent tant et débattent si minutieusement ! Et personne ne voit, ou ne veut voir, la cause de tous ces maux !

Il est vrai qu'il ne s'agit pas là d'un accident. Depuis le premier jour, le défaut est dans la cuirasse. Ce secret dans l'élaboration des décisions qui compromet toute l'œuvre européenne est dans l'ADN de l'Union et si l'on veut bien y réfléchir une minute, c'était probablement pour les meilleures raisons du monde.

Le processus de création du traité de Rome, puis de la Communauté européenne, qui sera aussi celui de l'Union est né de la volonté, de l'imagination, de l'enthousiasme de Jean Monnet.

Il est peu d'hommes ces derniers siècles qui aient marqué d'une empreinte si personnelle l'histoire de leur temps. En 1914, il a 26 ans. Il a quitté l'école avant son baccalauréat, vécu à Londres, voyagé aux États-Unis, découvert le commerce international et l'économie par l'angle non des études universitaires (dont il se méfiera toujours), mais de la pratique des marchés, des hommes et des choses de la production et des échanges.

Il a dès cette époque un trait de caractère original, assez rare pour être souligné : il voit ce qu'il voit.

Il voit, non pas avec les yeux de la mémoire, de l'histoire, du passé, des préjugés qui laissent à penser que les choses toujours obéissent à leur logique, que rien ne sera jamais vraiment différent de ce qui est, mais avec les yeux du présent ouverts sur le réel. Cette absence de préjugés et cette disponibilité au réel formeront, tout au long de sa vie, le caractère de ce jeune homme de Charente.

Les premiers mois de la guerre sont terribles, et terrible aussi la désillusion des Français qui partaient pour une guerre « fraîche et joyeuse ». Le front est enfoncé en quelques jours. Paris est menacé. La bataille de la Marne permettra à l'armée française de se redresser, mais c'est au prix de 230 000 morts du côté français, 40 000 chez nos alliés britanniques, alors que les Allemands perdent 260 000 hommes. En sept jours !

Le gouvernement a quitté Paris pour ne pas être pris au piège de la percée allemande. Il est replié à Bordeaux.

Le jeune homme de 26 ans a été réformé pour raison de santé. Il a pour lui une excellente connaissance des milieux d'affaires britanniques, il parle anglais, et surtout il maîtrise le métier du commerce international et celui d'affréteur, transporteur de marchandises. Une chose lui saute aux yeux : rien n'est coordonné entre la France et la Grande-Bretagne, rien dans la politique d'achats de matières premières nécessaire à la fabrication des armes, à l'alimentation et à l'équipement des armées, dans l'acquisition et le transport des fournitures de guerre.

Alors, en pleine guerre, ce jeune homme, ce blanc-bec, décide que, de toute urgence nationale, il doit lui-même rencontrer le président du Conseil, René Viviani ! À 26 ans ! Il intrigue, se fait recommander, finit par obtenir un rendez-vous, lui expose la situation telle qu'il la voit, réussit à le convaincre, se fait envoyer à Londres par le gouvernement français, et se retrouve en quelques mois commissaire à la coordination des ressources alliées.

À 30 ans, il est numéro deux de la Société des Nations, l'ONU de l'époque. Puis il démissionne pour redresser la société de cognacs de son père, devient banquier international. La guerre revenue en 1939, il reprend l'effort interrompu vingt ans plus tôt et préside le comité de coordination chargé de mettre en commun les capacités de production d'armement de la France et du Royaume-Uni. Envoyé par le gouvernement britannique, il persuade le président américain, Roosevelt, de relancer l'industrie de guerre américaine et coordonnera l'effort de guerre anglo-américain pendant la durée de la guerre. Auparavant et au passage, dans les jours de la débâcle, il a tenté de persuader les gouvernements français et britannique de fondre leurs deux nations en une seule…

À la Libération et pendant sept ans, il prend la responsabilité du Commissariat au Plan.

Mais surtout, dès les premiers jours d'après la guerre, il travaille à un plan audacieux : lier la France et l'Allemagne non pas par des déclarations de principe, mais par la mise en commun de leurs intérêts vitaux, dans le but de donner au continent européen une organisation politique qui dépassera les nationalismes, et mettra progressivement en place, à la place des rivalités d'États, des États-Unis d'Europe.

Sa méthode, l'influence et la persuasion des dirigeants. Sa pratique, le secret le plus absolu.

Avec les syndicats, le patronat, les banques, les partis politiques, les hommes d'influence, les élus qui sont sur le devant de la scène, les chefs d'État et de gouvernement, il suit la même démarche. Il demande à les voir, les rencontre en secret, leur soumet des analyses et des notes, leur propose des textes pour qu'ils les fassent leurs, et s'en arrogent la paternité. Il met tout son effort, toute la capacité de son esprit et de ses réseaux, à convaincre, toujours dans le même sens, pour obtenir des décisions concrètes.

Il est ainsi l'inspirateur (*l'Inspirateur,* ses amis et ses admirateurs le nomment volontiers ainsi) de la déclaration Schuman du 9 mai 1950, qui annonce la construction européenne.

La coordination de l'action des Alliés en matière d'achats et de transport de ces marchandises pendant la guerre de 14, la Société des Nations dans les années 1920, la coordination de l'effort d'armement des alliés pendant la Seconde Guerre mondiale, le Commissariat au Plan après la Libération et jusqu'aux années 1950, le projet européen, la CECA, mise en commun du charbon et de l'acier, la CED, Communauté européenne de défense mise en échec, le traité de Rome et le Marché commun, le projet d'élargissement au Royaume-Uni, les institutions européennes, quel homme d'État peut se réclamer d'un tel bilan ?

Mais la méthode Monnet repose sur des choix dont souffre aujourd'hui l'œuvre de construction européenne. Jean Monnet croit à l'influence que l'on peut avoir sur les gouvernants et qui se prépare dans le plus grand secret. Il influence les gouvernants, individuellement, par relation personnelle, par proposition de décisions qu'il a lui-même préparées avec une équipe réduite, fondée sur la compétence et l'influence. Il croit aux autorités qui tirent leur légitimité de leur seule expertise, et qui échappent aux logiques politiques et nationales. Mais Jean Monnet redoute la transparence et l'opinion publique. Il croit au rationnel et non au passionnel.

Et si l'on veut bien dépouiller cette démarche des goûts personnels et des préférences de l'homme Monnet, comment aurait-il pu en être autrement dans les temps de l'immédiat après-guerre, où les haines étaient encore brûlantes ? Non seulement Monnet se défiait des opinions publiques, mais l'opinion de cette époque tourmentée ne pouvait adhérer à son projet.

Pourtant la méthode Monnet n'est plus adaptée aux temps que nous vivons ! Les temps d'information instantanée, plongés dans l'addiction aux médias immédiats, aux alertes qui sonnent sur les Smartphones et à la recherche fiévreuse sur Internet ne peuvent accepter l'ignorance absolue dans laquelle sont maintenus les citoyens. Les temps où l'information et l'éducation se trouvent largement répandues, la compétence de la société civile sur les sujets techniques sans cesse accrue, ces temps-là ne peuvent supporter le monopole du pouvoir entre les mains d'initiés sans autre légitimité que leur nomination en des processus opaques.

Le rejet actuel de l'entreprise européenne, c'est le résultat de l'exigence des citoyens d'être informés et d'être partie prenante des décisions qui concernent leur avenir.

On voit bien que les institutions européennes hésitent entre ces deux modèles, le modèle diplomatique et technocratique, gouvernement par les accords recherchés en secret, selon les textes abscons des traités, expertise des décideurs de l'ombre, et le modèle démocratique, où les citoyens sont informés, choisissent ceux qui prendront les décisions et peuvent se faire entendre d'eux. Pour moi, le premier modèle est désormais insoutenable. Seul le second, l'Europe avec les peuples, est viable.

Il faut donc faire un pas décisif. Ce pas n'exige aucun changement des traités, aucune négociation inextricable. Il s'agit seulement d'une prise de conscience et d'une pratique volontaire que la France devrait proposer et imposer.

Cette pratique nouvelle, c'est l'introduction de la transparence et du débat public dans les décisions de l'Union européenne.

Par exemple, que les réunions du Conseil européen, où débattent entre eux et en notre nom les chefs d'État et de gouvernement des pays de l'Union se déroulent publiquement, ouvertement, *coram publico* dit le latin, face au peuple, face au public, face aux citoyens, et non pas secrètement. Que nous sachions ce que défendent ceux qui sont censés nous représenter.

Cela ne veut pas dire qu'ils ne pourraient pas se concerter avant la séance publique du Conseil. Bien sûr que les réunions de préparation doivent se dérouler, comme des séances de travail, à huis clos. Cela se fait dans toutes les démocraties du monde.

Mais les prises de position deviendraient ouvertes et publiques. On verrait le débat prendre corps. Que l'on songe à ce qu'aurait été du point de vue démocratique et médiatique, le débat au moment de la guerre en Irak. La position de Jacques Chirac aurait passionné les Européens, y compris dans les pays dont les dirigeants avaient décidé de se ranger du côté de l'aventure américaine.

Cette délibération publique du Conseil européen sur les grands sujets, cela paraît un petit pas, du point de vue de l'effort à consentir. C'est un pas de géant pour l'Union, et c'est un pas de géant pour la démocratie.

Les débats deviendraient aussi intéressants que des débats nationaux, les propositions de la Commission prendraient chair, le Parlement en serait rehaussé. Et bien des problèmes s'éclairciraient. Les négociations commerciales ne pourraient plus se dérouler sans que des explications publiques soient fournies. Lorsque viendraient des moments d'extrême tension, des attaques terroristes, ou armées, ou des déstabilisations brutales, l'opinion publique comprendrait immédiatement que les tergiversations ne sont plus possibles, qu'il faut agir, et qu'il n'est qu'un moyen d'agir, c'est d'agir ensemble. Les citoyens verraient immédiatement qu'il y a quelque indécence à demander que l'Europe agisse et en même temps à lui refuser les moyens de son action. Toutes les questions qui agitent le monde des initiés européens deviendraient des questions pour les citoyens.

La constitution d'un premier cercle formé des pays qui veulent avancer ensemble et s'entendre sur les grands choix s'imposerait sans manœuvre complexe, naîtrait même des débats.

Les leaders européens deviendraient, à l'instant, familiers des opinions publiques, les sincérités apparaîtraient et les doubles jeux aussi.

À l'instant même l'obligation d'information préalable s'imposerait. Car l'information écrite ou audiovisuelle a une règle : c'est avant l'événement qu'il faut le magnifier, l'éclairer et le commenter. Avant, c'est de l'actualité. Après c'est déjà du passé.

Cela obligerait à découvrir au citoyen les étapes de la décision et à en donner le calendrier suffisamment en avance pour que chacun se mette à suivre l'actualité européenne.

À l'instant même, l'Europe politique surgirait, sans avoir besoin de bouleversements, de rupture. Rien ne serait plus comme avant. Une seule décision et une ère nouvelle s'ouvrirait. Peut-être est-ce cela que redoutent les adeptes du secret, des manœuvres et du billard à trois bandes.

Dès cet instant aussi, les Parlements nationaux se saisiraient des questions brûlantes et les débats dérobés deviendraient des débats ouverts. En tout cas sur toutes les questions cruciales du temps.

On comprendra que je propose des orientations qui ne demandent pas une refonte solennelle des traités, car dans l'état critique où se trouve la construction européenne je ne crois pas facile de remettre en cause, aussi imparfaits qu'ils soient, des textes qui forment un point d'équilibre si précaire. Imagine-t-on une cascade de référendums dans tant de pays ? Le tissu est fragile, il faut le renforcer avant de le soumettre à d'autres tensions.

Si l'on veut l'Europe politique, alors il faut que la politique, avec le grand jeu des idées, des femmes et des hommes, avec ses passions aussi, trouve droit de cité en Europe.

C'est un enjeu pour nous. Et c'est au point où nous en sommes arrivés un enjeu universel.

Jamais sans doute depuis les années 1930 n'avons-nous été exposés à tant d'incertitudes.

Qui aurait dit que nous pourrions, au même moment, nous retrouver avec l'élection de Donald Trump à la tête des États-Unis d'Amérique, les démonstrations de force internationales de Vladimir Poutine à la tête de la Fédération de Russie, et les spasmes de la Turquie sous l'autorité rageuse d'Erdogan ? Sans compter les incertitudes de la Chine aux frontières du Japon, et les rodomontades dangereuses de la Corée du Nord. Avec le Moyen-Orient aux prises avec le fondamentalisme musulman, tantôt combattu, tantôt aidé.

Jamais le monde n'a eu autant besoin d'une puissance d'équilibre, pacifique, mais ferme.

Jamais le monde n'a eu autant besoin d'une pensée non alignée (je le dis spécialement aussi pour la France), non fascinée, d'une puissance calme, décidée à explorer toutes les ressources d'une diplomatie libre, animée de valeurs.

C'est pourquoi il nous faut une Europe politique, capable d'intervenir dans le jeu des puissances, et qui dise où elle va, en notre nom, et au nom de tous ceux qui cherchent à échapper à la fatalité qui semble se dessiner.

Autrement, si les pays européens acceptent que l'Union continue à se séparer de leurs citoyens, si les murs de la citadelle demeurent clos, je pense que le processus de déchirure n'est pas fini.

Si l'Europe continue à afficher obstinément qu'elle se situe du côté des prétendues « élites », alors les peuples qui se sentiront exclus prendront d'assaut la citadelle.

Je plaide pour le possible, pour le facile, pour la réconciliation qui sera une refondation.

Les compétences couleront de source : par exemple les questions d'immigration, de défense et de sécurité seront nécessairement à l'ordre du jour. L'actualité avec sa cruauté les imposera. Il deviendra évident que ces questions, qui nous concernent tous, ne peuvent valablement être pensées que dans le cadre d'une coopération active entre les pays européens.

Les sujets habituels qui occupent tant les institutions, qui sont techniques et normatifs, retrouveront la place qu'ils n'auraient jamais dû quitter : celle des questions techniques et réglementaires.

Je défends d'ailleurs l'idée qu'on détache ces questions de normes, autant que possible et au moins symboliquement, des lieux de décision de l'Union. Que les normes deviennent la compétence d'une agence, située dans une autre ville européenne qu'à Bruxelles, travaillant sous le contrôle de l'Europe politique et des États membres (je ne suis pas tout à fait naïf), mais qui n'absorbe pas aux yeux des Européens la substance d'une Union, pour qu'on comprenne enfin que son sujet est non pas le niveau sonore des tondeuses à gazon, les moteurs des aspirateurs et la taille des concombres, mais la paix et l'équilibre du monde, les intérêts de l'économie et de la société européenne, et la défense des valeurs qui nous ont constitués.

Nous sommes enfin confrontés à deux questions brûlantes que je ne veux pas éluder : le Brexit, et la plus importante de toutes, le chômage dans l'Union.

Le Brexit

La Grande-Bretagne a décidé souverainement le 23 juin 2016 de sortir de l'Union. C'est une décision qui a provoqué l'enthousiasme des anti-Européens, une grande peine chez ceux qui aiment l'Europe, et un profond souci pour la majorité des Britanniques, singulièrement des responsables économiques et politiques de l'Union.

Le renoncement penaud des leaders de la campagne du *Leave* à assumer le gouvernement en cette période critique donne une idée de l'ampleur des problèmes qui vont se poser au sein même du pays. Les fractures nouvelles ou ravivées, en Écosse ou en Irlande par exemple, font craindre même pour la solidité du Royaume-Uni.

Pour ceux qui ont un attachement particulier au caractère, à la langue, à l'histoire, à l'originalité, de ce grand peuple, c'est un crève-cœur. J'ai vu pleurer des gens équilibrés, ce qui n'arrive pas souvent en politique étrangère. Et moi-même, et tous mes amis, avions la gorge serrée. C'est que justement, nos relations avec les Britanniques ne sont pas tout à fait de la politique étrangère.

Mais nous sommes désormais devant un fait. *Brexit means Brexit* : « Sortie signifie sortie », comme l'a justement déclaré la nouvelle chef du gouvernement, Theresa

May. Sortie signifie sortie pour la Grande-Bretagne, et cette sortie signifie sortie pour les pays membres et singulièrement pour la France.

On voit bien les manœuvres auxquelles certains imaginent de se livrer. Manœuvres de retardement, ou d'évitement, ou de double langage. Mais ces manœuvres doivent être bannies. Et c'est à la France d'y veiller, en raison du rôle particulier que la nouvelle situation lui confère.

La France a voulu la construction de l'Europe. Il lui appartient d'éviter sa destruction. Car la destruction est une menace désormais pendante. S'il apparaissait que l'on peut sortir de l'Union en conservant les avantages que l'appartenance garantit, tout en se débarrassant des charges qui lui sont liées, alors il est à redouter, et à redouter de manière certaine, que le retrait britannique ne soit que le premier d'une longue série : ce serait la fin, au moins provisoire, de cette vaste et magnifique entreprise humaine.

C'est pourquoi nous n'avons pas d'autre choix que d'être inflexibles. Il y a des règles pour la sortie et ces règles doivent bien sûr être respectées. Selon ces règles, bien des pratiques dilatoires sont possibles, y compris de bonne foi, si l'on considère la difficulté des décisions à mettre au point. Le principe « le plus tôt sera le mieux » est juste et il faut le défendre. Mais il ne suffira pas si l'on s'en tient au droit formel.

Il faut défendre deux autres principes.

Le premier doit être d'application immédiate : la sortie future implique la sortie immédiate de tout le mécanisme décisionnel qui concerne l'avenir de l'Union. Il serait paradoxal et il est proprement inimaginable que les décisions législatives ou stratégiques qui touchent à notre vie en commun pour l'avenir soient prises sous l'influence de ceux qui ont décidé de ne pas participer à cet avenir. Dedans c'est dedans, et dehors c'est dehors. Dehors pour l'avenir, c'est dehors pour tout ce qui touche à la définition de cet avenir.

Cette règle doit être imposée au sein du Conseil, de la Commission et du Parlement européen. Et si des règles de droit bien compréhensibles s'y opposent, ce qui peut être le cas, alors un accord politique doit les imposer et la France doit être à l'origine de cet accord politique.

Et une règle doit être imposée pour le futur des relations, notamment commerciales ou financières : le passeport européen, la liberté de circulation, doivent se payer au prix fort de la participation aux charges européennes. De sorte qu'il soit évident pour tout le monde que le statut de membre de l'Union permet de participer à tous les avantages et privilèges de l'appartenance, en tout premier lieu à la définition de la vie en commun ; et que la sortie de ce statut, le partenariat extérieur, ne créera d'avantages qu'en fonction des obligations qu'on sera obligé de supporter. Et ces obligations seront naturellement plus importantes, moins flexibles, moins bienveillantes, pour ceux qui ont été membres de la maison commune et ont décidé d'en partir. Eurexit signifie eurexit, pour tout le monde !

L'Europe vers le plein emploi

Une des conséquences de la sortie de la Grande-Bretagne est un nouvel équilibre de l'influence au sein de l'Union.

La France pèsera davantage, par sa population, sa démographie, son économie, son rôle politique et militaire, dans l'Union à vingt-sept.

En particulier, le fait que nous soyons désormais le seul pays de l'Union à détenir un siège au Conseil de sécurité des Nations unies doit nous donner une audience particulière.

J'ai dit mon scepticisme par rapport à une mise en cause des traités, à une refonte complète des institutions et du fonctionnement de l'ensemble.

Mais il est un point sur lequel nous devrions pouvoir obtenir un changement majeur. Et ce point concerne le chômage.

Le chômage détruit de l'intérieur les sociétés et les familles. On a l'impression qu'on ne peut rien faire. Ce constat d'impuissance n'est pas le mien.

On peut agir nationalement, à l'intérieur de nos pays, sur la formation, sur la plus grande souplesse du marché du travail. On peut agir sur le moral. Mais l'Union européenne a d'importants moyens d'action qu'elle n'a jusqu'à maintenant pas décidé de mettre en œuvre. Il est de la responsabilité de la France d'entraîner les vingt-sept, dont beaucoup souffrent de ce mal du chômage, à décider d'une politique nouvelle.

La Banque centrale européenne a une responsabilité essentielle dans l'oxygénation de l'économie par la monnaie. C'est aussi le cas de toutes les grandes banques centrales du monde, la Réserve fédérale américaine (FED), la banque centrale du Japon (BoJ).

Il se trouve que notre banque centrale est la seule dont le mandat ne fixe pas comme objectifs la défense et la promotion de l'emploi, jusqu'au plein emploi si possible, mais seulement et uniquement la défense de la monnaie contre l'inflation. Les autres banques centrales (américaine et japonaise en particulier) ont un double mandat, lutte contre l'inflation et lutte contre le chômage. On comprend bien pourquoi : chômage et inflation sont également destructeurs de l'équilibre des sociétés, et l'un et l'autre sont liés à la conduite de la politique monétaire.

Or il se trouve que les réglages de l'économie ne sont pas les mêmes selon qu'on lutte seulement contre l'inflation ou qu'on a en tête le dynamisme de l'économie et le recul le plus ample possible du chômage. La politique n'est pas la même, et les résultats non plus.

La crise a été identiquement éprouvante pour tous les pays de la planète, particulièrement pour tous les pays dont la monnaie, par son importance dans le jeu des échanges mondiaux, joue le rôle de monnaie de référence. Pourtant, si l'on compare la situation du travail dans la zone de ces grandes monnaies, alors on constate d'énormes et significatives disparités.

Dans les zones du monde développé où les banques centrales ont aussi comme mandat la lutte pour l'emploi, le chômage a été ramené à 5 %. On est, aux États-Unis comme au Japon, quasiment au plein emploi (et je ne dis pas que ces grands pays n'ont pas par ailleurs de grands problèmes). Chez nous, en Europe, avec ce mandat de la BCE qui ne fixe comme objectif que la lutte contre l'inflation, nous sommes au double ! 10 % de chômeurs en moyenne, et pour bien des pays la situation est bien plus dégradée encore.

Y a-t-il un lien de cause à effet direct ? Je le crois, et en tout cas personne ne peut en ignorer la probabilité.

Je n'ignore pas non plus que M. Draghi, l'actuel président de la Banque centrale européenne, s'acquitte avec une grande conscience de sa mission, qu'il prend des décisions inspirées en particulier par le souci du soutien à l'activité économique.

Mais la question des agents économiques, et en particulier des investisseurs, cette question est celle du long terme, de la poursuite de l'action dans l'avenir.

C'est pourquoi je pense nécessaire de redéfinir le mandat de la BCE, d'ajouter explicitement la recherche du plein emploi dans les missions de son mandat, au même niveau que la lutte contre l'inflation. Ce sera un message à nos économies, et une réorientation cruciale pour les peuples, notamment pour toutes les familles en difficulté.

Cette décision évidente et simple, de grand effet, peut-elle être refusée ? Je crois et j'espère que non.

J'imagine d'abord que personne, singulièrement pas dans le monde des marchés financiers où les oracles de la FED américaine sont attendus, entendus et honorés dans la fièvre et l'admiration, ne discutera la crédibilité d'un tel mandat. Harmoniser les mandats des grandes banques centrales dans le monde ne peut qu'aller dans le sens de la cohésion de leur action.

Plus important encore, il y a les peuples, et les rapports entre les peuples et les institutions de l'Union.

Les peuples ont le sentiment que les institutions de l'Union européenne sont loin d'eux, indifférentes à leur sort de jeune femme ou de jeune homme, d'adulte en charge de famille, privés d'espoir, désespérés de ne pouvoir sortir de l'impasse dans laquelle la vie les a plongés. Pour une fois, on peut faire la preuve irrécusable que désormais l'indifférence appartiendra au passé, et que derrière les études académiques d'économie abstraite, la vie des gens, la vie de chances et de malchances, sera prise en compte.

Je pense qu'une telle action, lancée par la France, recevra le soutien d'un très grand nombre de pays européens, soucieux pour leur propre compte et soucieux de l'éloignement de l'Union par rapport à leurs peuples. Pour ne parler que de notre environnement immédiat, l'Italie et l'Espagne, le Portugal et la Grèce, la Belgique, et bien d'autres gouvernements ne ménageront pas leur soutien tant ils mesurent l'inquiétude de leurs citoyens et l'urgence d'une action immédiate.

On dira que l'Allemagne regimbera. Peut-être, mais je ne crois pas que ce sera durablement. L'Allemagne sait, dans l'histoire, ce que lui a coûté l'inflation. Mais l'Allemagne sait aussi, à la même période, ce que lui a coûté le chômage galopant. L'Allemagne est un grand pays exportateur, et singulièrement exportateur dans la zone euro. Si la situation de l'emploi s'améliore dans tous les pays de la zone, l'Allemagne en sera la première bénéficiaire, tant la question du moral des peuples est primordiale et tant cette question est liée au travail des jeunes et des adultes.

Voilà un combat qui mérite d'être mené et qui mobilisera les opinions publiques, pour le plus grand bénéfice de l'idéal européen, sorti des déclarations de principe pour entrer dans la noblesse des réalités.

Notre sécurité

Rien de ce qui a été décrit dans ce livre n'est viable si nous ne sommes pas assurés de notre sécurité personnelle et collective, de notre sécurité contre les menaces que subit notre pays, et de la sécurité collective du monde.

Les attentats, dont il est à craindre qu'ils se renouvellent, la guerre à nos portes, en Ukraine ou au bord de la Méditerranée, les surenchères entre puissances, sur le nucléaire par exemple, l'expérience des attaques numériques, tout cela conduit à repenser notre impératif de défense. À le repenser continuellement, sans jamais relâcher la veille, car au fur et à mesure que la menace évolue doivent évoluer la stratégie et les moyens de défense.

Que savons-nous des questions posées, pour aller à l'essentiel ?

Nous savons une chose, s'agissant des attentats sur notre sol et des menaces qu'ils portent. C'est que tous ceux qui les ont perpétrés, ou en tout cas 90 % d'entre eux, étaient repérés d'une manière ou d'une autre. Certains parce qu'ils avaient été signalés comme en voie de radicalisation. D'autres parce qu'ils correspondaient au profil type de l'enchaînement délinquance-prison-radicalisation. Tous repérés, d'une manière ou d'une autre.

Il y a donc une conclusion à tirer pour ceux qui ont ou auront la responsabilité de la protection des Français : c'est que l'essentiel de la sécurité se joue dans l'organisation du renseignement.

Dès lors, on découvre que nos services de renseignement sont éparpillés et divisés. En France, ce ne sont pas moins de six services principaux, relevant de trois ministères différents, articulés avec une dizaine au moins d'unités différentes. Entre quinze et vingt organisations distinctes sont représentées autour de la table lors des rencontres de coordination. Ce n'est pas l'efficacité : il y a forcément des pertes en ligne aux moments cruciaux et sur les dossiers décisifs.

Ce qui sera nécessairement à l'ordre du jour, c'est la création d'un Conseil de sécurité nationale, sous l'autorité du président de la République, dont la mission sera le meilleur traitement possible de l'information quelle qu'en soit la source. Pourquoi cela n'a-t-il pas été construit jusqu'à maintenant ? Sans doute en raison des jalousies et des traditions de secret de chaque service, qui se vivent trop souvent comme indépendants les uns des autres, et en rivalité les uns avec les autres.

On notera qu'une telle réorganisation doit conduire à plus d'efficacité, sans demander davantage de moyens, bien au contraire. C'est ainsi par exemple que la gendarmerie nationale pourra enfin participer en première ligne à cette stratégie du renseignement.

Le terrorisme a changé de nature : les réseaux de groupes terroristes traditionnels, indigènes, formés chez nous, pour la plupart d'entre eux n'existent plus. Ils ont tous disparu. Ceux qui commettent les attentats sont pour nombre d'entre eux des voyous, des délinquants, brutalement radicalisés, transformés en quelques semaines, parfois en quelques jours en « bombes humaines », souvent placés devant des problèmes personnels trop lourds pour eux et pour qui cette fin « en beauté » offre, au fond, une issue glorieuse. Au point comme ce fut le cas avec les frères Kouachi à *Charlie Hebdo*, et avec l'auteur du dernier attentat de Berlin, d'« oublier » leurs papiers d'identité dans la voiture ou dans le camion de leur forfait.

C'est pourquoi il est essentiel de composer contre le terrorisme une *task force*, un groupe de commandement et d'action dédié, révisable à chaque évolution de la menace, capable de diagnostic et d'anticipation, composé de gens de terrain, et pour nombre d'entre eux assez jeunes pour avoir pratiqué la mission de police et de renseignement dans l'environnement le plus récent.

Il faut notamment qu'on invente ou réinvente la mission de renseignement criminel, capable d'infiltrer les réseaux et de repérer les personnalités fragiles, donc menaçantes.

Sans doute faudra-t-il aussi créer un centre de commandement opérationnel, doté des pouvoirs nécessaires pour mobiliser les forces d'intervention de différente nature administrative, le GIGN, le RAID, la BRI, et les faire travailler ensemble.

Tout cela est un vaste effort.

Je me suis toujours interdit, en toute circonstance, de critiquer et de mettre en cause les gouvernements successifs, et les administrations successives qui ont la charge de notre sécurité. Je sais combien leur tâche est difficile, et combien, au total, ils obtiennent de résultats concrets. L'ensemble pourrait-il être amélioré ? Je le crois et viens d'énumérer quelques exemples des améliorations possibles. Mais je considère comme un devoir de montrer à la société française et à tous ceux qui veulent nous assaillir ce que doit être notre solidarité.

J'ajoute qu'il n'y a pas de réelle solidarité sans mobilisation de proximité, des Français dans la vie de tous les jours, de leur attention, de leur vigilance, et de leur volonté partagée, surtout de la part de ceux qui vivent au contact des milieux les plus sensibles, de conjurer le risque et d'écarter les contagions.

Enfin, je le dis comme je le pense : nous avons un problème avec les prisons. Sur ce sujet comme sur d'autres les prisons forment un milieu de contagion. On disait il y a peu : « On y entre voyou, on en sort caïd » ; on doit ajouter aujourd'hui : « On y entre délinquant, on en sort radicalisé, potentiellement dangereux ! »

Pas tout le monde, bien sûr, et heureusement. Tous les délinquants ne suivent pas ce chemin, mais presque tous les terroristes, à un moment ou à un autre, sont passés par là.

C'est dire combien est important le renseignement pénitentiaire.

C'est dire aussi combien il importe de trouver des alternatives à la prison, si souvent décriées, mais qui pourraient être si utiles.

J'aimerais mieux des unités de travail, même rudes, disciplinaires, mais où les jeunes, car ce sont le plus souvent des jeunes, soient effectivement occupés et effectivement encadrés, et non pas abandonnés à l'oisiveté de la cellule, seulement tempérée par la propagande religieuse et l'activité de body-building en vase clos. Cette prison-là est impossible à maîtriser par le personnel pénitentiaire qui ne cesse pas de clamer ses inquiétudes. En tout cas, elle est un milieu qui aggrave la dangerosité, au lieu de la diminuer.

On voit que l'on peut, par quelques décisions ciblées, s'attaquer aux causes, en tout cas améliorer réellement notre arsenal de réponses aux plus inquiétantes des menaces dirigées contre notre société. Contre nos enfants.

Le devoir de sécurité ne se divise pas.

L'effort de défense de la France est un modèle pour toute l'Europe. Qu'une « puissance moyenne », comme on nous rappelle trop souvent que nous le sommes, assume autant de tâches de sécurité, non pas seulement pour elle-même, mais pour le monde, devrait faire naître des questions chez bien d'autres pays.

Que l'on ne croie pas que c'est en pure perte.

Beaucoup de progrès technologiques sont à mettre à l'actif de nos sociétés industrielles liées à la défense. Et l'influence de la France dans le monde, à commencer par notre siège au Conseil de sécurité, est la conséquence directe de cet effort maintenu au travers du temps.

Les dernières années ont affûté notre outil de défense comme jamais probablement il ne l'a été dans les dernières décennies. L'organisation du commandement, l'entraînement des unités, la qualité des nouveaux équipements, tout cela est rodé et éprouvé. Les Français le voient peu. Mais comme maire d'une des villes garnisons les plus opérationnelles et les plus sensibles de notre pays, j'en ai des témoignages chaque jour. À Pau, en effet, au-delà des archives générales de l'armée de terre, l'École des troupes aéroportées, désormais ouverte aux paras et futurs paras des autres pays européens, la plus grande base d'hélicoptères de combat d'Europe, et une part importante des personnels des forces spéciales françaises, forment un ensemble fortement engagé sur tous les théâtres d'opération, au Mali, comme sur treize autres localisations dans le monde. Si l'on excepte les États-Unis et la Russie, qui peut dans le monde prétendre à une telle présence et une telle efficacité ?

La question se pose des moyens pour le renouvellement et l'entretien des matériels, pour la maintenance et la mise à niveau de l'arme nucléaire, pour les efforts de recherche, notamment dans la cyberattaque et la cyberdéfense. Cette préoccupation est de tous les temps. Mais tout le monde voit bien que le monde va être plus dangereux qu'il ne l'a jamais été. Les dirigeants de la planète, notamment les premiers rôles, de Poutine à Trump, à Erdogan, sont entraînés dans nombre de surenchères et de dérives, au moins verbales, dont le moins qu'on en puisse dire est qu'elles ne rassurent pas.

C'est pourquoi la réponse à la question des moyens ne pourra pas être constamment négative.

Mais l'effort peut être partagé !

Nous sommes désormais la seule puissance nucléaire de l'Union européenne. Nous intervenons, à nous tout seuls, davantage que ne le font tous les autres pays européens ensemble. Cette réalité doit être débattue avec nos partenaires européens. Dès que l'Union sera devenue politique, ce que je crois nécessaire et possible, la question de la défense européenne se trouvera nécessairement posée. À cette défense européenne, qui ne signifie pas armée européenne, mais coordination de nos moyens d'action et d'intervention et partage de l'effort, la France contribuera puissamment. Il est juste que vienne le temps de partager le fardeau.

Mais cela suppose que la France soit puissante et respectée en politique étrangère, que ses buts diplomatiques soient clairs et discutés avec nos partenaires européens. Cela exige en particulier que la France soit pleinement indépendante. La situation devrait nous y aider : les plus atlantistes seront-ils aussi enclins au suivisme automatique sous l'Administration Trump qu'ils l'étaient sous d'autres Présidents ? Et l'attitude nouvelle, puissamment interventionniste du président russe, sans aucune considération pour le droit international, ne devrait-elle pas rapprocher les Européens ? À condition au moins que la France sache affirmer son indépendance comme une voix libre, et non basculer dans un alignement contre nature, risqué à la fois pour notre image et pour la réalité de notre influence. Le dialogue doit avoir toute sa place. Mais l'alignement est interdit, les déclarations et les gestes trop complaisants aussi.

Développement soutenable

Une partie des problèmes de l'humanité est soluble à l'échelon local, échelon d'un pays qui peut décider de son organisation, ou de l'ensemble qu'il forme avec ses voisins.

Mais une partie de ces problèmes ne peut être envisagée qu'à l'échelle mondiale, c'est le cas de l'équilibre politique entre nations, et qu'à l'échelle planétaire, c'est-à-dire lorsque les hommes doivent prendre en compte non seulement la société des hommes, mais encore l'univers naturel, l'atmosphère et les océans par exemple.

Le caractère *soutenable* du développement de nos sociétés se définit par notre responsabilité planétaire. L'humanité a fait croître d'incroyables potentiels techniques. Potentiels industriels, scientifiques, de production. Le PIB de l'humanité a augmenté jusqu'à atteindre 200 000 milliards de dollars, cent fois celui de la France. Mais cette progression a fait naître des déséquilibres dont nous n'avons pas fini de prendre la mesure. Crise sociale internationale : les pauvres de la planète arrachés à leur terre et à leur mode de vie traditionnel, obligés d'aller s'installer dans la misère du quart-monde périurbain, puis conduits à rechercher leur survie dans l'émigration incontrôlée. Crise démographique : entre la démographie des pays développés qui peinent à maintenir leur population et qui dans nombre de cas n'y parviennent pas, et celle des pays les moins développés qui explose, se profile, si l'on n'apporte pas de réponse en termes de développement dans les régions d'origine, un dramatique phénomène de vases communicants. Et les murs, les barbelés, les armes même n'y pourront pas grand-chose. Crise écologique : le préfixe « -éco » du mot « écologie », c'est en grec *oikos*, la maison. Nos activités débridées prélèvent sans cesse dans notre milieu naturel, sol et sous-sol, des ressources rares et rejettent sans cesse dans l'environnement des déchets polluants et de longue durée de vie.

Ces déséquilibres ne peuvent pas trouver de réponse au niveau local. Quand bien même la France se convertissant à la vertu la plus émérite, parviendrait à supprimer tous ses rejets et tous ses déchets, quand bien même elle distrairait de ses ressources le montant de l'aide la plus généreuse au tiers-monde, au total rien ne changerait sur la planète, ni en termes d'équilibre climatique, ni en termes d'équilibre de l'humanité.

Seuls, nous ne pouvons rien, sauf peut-être l'exemplarité. Nous pouvons seulement, à partir du moment où l'Europe sortirait des limbes où on la maintient, obtenir un effet de levier sur les lieux de décision politique où se joue le destin de l'humanité.

La définition du « soutenable » qu'il nous faut atteindre est claire : il s'agit d'obtenir pour nos générations une nature et un rythme de développement tels qu'ils ne portent pas atteinte à la vitalité et à la capacité des autres sociétés humaines et des générations qui nous suivront, notamment par la préservation du capital vivant et de ressources matérielles que, même sans le savoir, nous partageons avec elles.

Cette recherche du développement soutenable se joue donc sur les trois grands chapitres de notre place dans l'Univers.

Nous devons avoir une vision de l'équilibre à reconstruire entre les sociétés qui peuplent la planète.

Nous devons avoir une vision du modèle économique, moral et social que nous partageons avec les autres sociétés.

Nous devons avoir une vision de la préservation, et si possible de la restauration de notre écosystème, du biotope où nous nous débattons et que nous partageons avec le reste du vivant.

Pour tout cela, nous devons construire les moyens politiques qui permettront à l'humanité de se poser enfin les questions qui la concernent tout entière et d'adopter les réponses qui lui ouvriront un avenir qui sans cela serait interdit à des milliards d'humains.

La crise née du déséquilibre du développement menace l'humanité. La misère crée le déracinement, le déracinement crée la déculturation, la déculturation crée la déstabilisation et souvent la violence.

À nos portes, l'Afrique présente ce visage pour une large partie de ses populations. Proposer des actions concrètes pour contrarier ce mouvement, c'est notre responsabilité. Nombre d'esprits parmi mes amis, et des plus généreux, ont entretenu ces dernières années la conscience de ce paradoxe : il suffirait de prélever si peu sur les richesses d'Occident, peut-être seulement 1 % ou 2 % et les problèmes les plus brûlants se trouveraient résolus.

Philippe Douste-Blazy a proposé des financements innovants, par exemple un dollar sur chacun des billets d'avion vendus sur la planète, et le paludisme serait vaincu, et le Sida serait terrassé grâce à des molécules produites à bas coût pour les pays les plus fragiles. Jean-Louis Borloo a proposé de prendre ce problème par le biais de l'électricité pour que la lumière jaillisse partout sur le continent africain. L'un et l'autre ont obtenu des succès d'estime, des avancées notamment pour le premier dans le domaine médical. Les libéraux, dont Alain Madelin a été le chef de file dans le débat politique français, font remarquer que le mouvement de l'économie du monde a permis de sortir nombre de pays de la misère, qui sont passés du sous-développement au statut de pays émergents. Mais les crises sociales sont toujours menaçantes : des « élites » privilégiées profitent du mouvement, les peuples beaucoup moins, les tensions s'accusent, et l'ensemble en devient instable.

Il faudrait aussi aborder le problème du développement et de sa crise sous l'angle de la gauche latino-américaine, qui du Venezuela bolivarien et chaviste, au Brésil et à l'Argentine, a connu de graves revers. En particulier, la nationalisation des ressources naturelles ne résiste pas à la chute cyclique des cours. Et même pour les mieux armés, par exemple le Brésil, le dynamisme économique ne résiste pas à la précarité politique. Les cadres juridiques et moraux font défaut, la chute brutale de la confiance civique entraîne la chute de la confiance juridique qui entraîne la chute de la confiance économique. Ou réciproquement.

Si l'on doit écrire un programme d'action que porterait la France pour un équilibre durable entre les peuples sur la question du développement, ce programme pourrait s'articuler en deux grands chapitres : création de fonds de développement, centrés sur les grands équipements énergétiques, et écologiques, par exemple la production, le traitement et la distribution d'eau, fonds alimentés et garantis par l'alliance des grandes banques centrales du monde, administrés par des personnalités compétentes issues des sociétés à promouvoir, choisies sur un double critère technique et moral. Engagement international à la localisation des unités de production dans les pays en développement, y compris, quand cela est nécessaire en leur réservant le bénéfice de mesures protectionnistes : je pense non seulement à l'industrie et aux emplois qu'elle doit offrir, mais aussi à l'agriculture, tant le déracinement du paysan a été un facteur de déstabilisation.

Quitte à aller loin dans la provocation, je défends l'idée que chacune des grandes zones de la planète devrait se fixer un objectif d'autosuffisance dans chacun des grands secteurs nécessaires à la vie : production alimentaire, productions industrielles, production culturelle. Cela n'interdirait pas les échanges, bien sûr, mais garantirait que ce dont vivent les populations peut être produit par elles, que nul ne tombe dans la dépendance d'autres continents et d'autres sociétés. Le développement soutenable impose que chacun soit en mesure de subvenir aux besoins qui sont les siens et seront les siens à l'avenir, que chacun disposera des ressources intellectuelles, scientifiques et techniques nécessaires au développement, *sur son propre sol !* Et avec ses propres enfants. Si cela s'avérait impossible, alors l'Univers tout entier se changera en bombe à fragmentation dont nous serons, tous sans exception, victimes.

Un tel programme est étroitement dépendant d'une prise de conscience universelle. Sur ce point, l'Europe et la France ne sont pas sans atouts, en particulier parce qu'il apparaît aux yeux de tous que nous sommes le seul continent qui n'a aucune sorte d'arrière-pensée dominatrice et impérialiste, ni en termes politiques, ni en termes de captation des ressources naturelles.

Ce qui veut dire aussi que nous devons porter un modèle de vie en commun pour l'humanité, un modèle non seulement économique, mais moral et social.

Nous avons tourné la page, et c'est heureux, sur le temps où l'Occident pensait devoir imposer ses normes morales et culturelles. Du moins, est-ce acquis dans le discours officiel. Dans la pratique, rien n'est acquis ou presque et le modèle culturel global, américain en particulier, gagne sans cesse des parts de marché. Il nous revient de défendre la diversité des cultures du monde, à commencer par les langues, à commencer par les nôtres, ces langues régionales qui sont partie intégrante de notre patrimoine culturel, et que nous devrions considérer comme trésor national. Ce combat est un combat pour l'humanité : il n'est pas différent sous les latitudes amérindiennes, himalayennes, ou dans les îles atlantiques ou pacifiques. Ce combat doit trouver une limite démocratique ou politique, c'est le respect des diversités et des libertés personnelles au sein du même peuple et des mêmes communautés.

Ce combat universel doit conduire à la défense de la légitimité des valeurs de solidarité et de reconnaissance dans la société à construire.

La France peut et doit défendre l'idée que le modèle des inégalités croissantes est un modèle nuisible si l'on veut que le développement soit soutenable.

Ce qui signifie aussi que notre vie politique, notre vie démocratique, et l'idée que nous nous faisons pour l'avenir du monde de nos vies politiques et démocratiques doivent être arrachées à l'influence exclusive de l'argent ; que la France et l'Europe doivent porter un projet et un modèle d'autonomisation progressive de la souveraineté politique et démocratique, par rapport aux grands intérêts qui cherchent à exercer sur elles leur tutelle ou leur influence. Y compris leur petite ou leur grande corruption.

Enfin, ce combat pour un développement soutenable impose la construction d'une conscience et d'une résolution écologiques pour l'Univers et pour nous-mêmes.

Ce développement doit donc porter une volonté de préservation et si possible de restauration de nos biens communs que sont l'atmosphère, l'air que nous respirons et que nous habitons et dont dépend une partie des évolutions climatiques. Quelle que soit la part des effets des rejets de gaz à effet de serre dans les changements climatiques, qu'ils soient déterminants ou importants, on sait au moins que ces effets existent. Et quelle que soit la part des « particules fines » issues des carburants dans les maladies notamment pulmonaires, on sait au moins que ces risques existent. Et quelle que soit la part des désordres venant des matériaux utilisés dans les plastiques alimentaires, comme le bisphénol A, notamment en ce qui concerne des risques aggravés de cancer et des menaces sur la fertilité, on sait au moins que ces risques existent. Et quelle que soit la part exacte des pesticides et herbicides, comme cela a été hélas abondamment prouvé pour les organochlorés et fortement soupçonné pour le glyphosate, on sait d'évidence que ces risques existent.

Il suffit de regarder l'espèce humaine pour voir à quel point elle est dépendante du milieu où la nature l'a placée. Il ne fait aucun doute qu'un très grand nombre de cancers provient de l'exposition à des polluants produits par l'homme, que nous subissons sans en être avertis ou que nous nous infligeons, comme on le sait avec certitude pour l'alcool ou le tabac. Il fait encore moins de doutes qu'un grand nombre de ces cancers ou des maladies les plus graves en général proviennent de certaines faiblesses génétiques aggravées par de telles expositions.

Ainsi, du niveau de la population humaine et même de l'espèce humaine, jusqu'à chacun de ses membres que nous sommes, le devoir de l'humanité est de réduire continûment l'impact négatif, nuisible et parfois mortel qu'elle produit sur l'environnement naturel qui l'accueille et qui lui est confié.

C'est particulièrement vrai pour ce qui touche à la production d'énergie, et il est heureux que la France et son gouvernement aient joué un rôle moteur dans la conclusion de l'accord de Paris au moment de la COP 21. Mais c'est vrai dans tous les domaines.

Le message de la France pour elle-même et en Europe si l'on veut préserver l'idée d'un développement soutenable doit donc être celui de la réduction continue, sans retour en arrière accepté, de la production de ces facteurs de risque, climatique, chimique, industriel.

À ce titre, la voix de l'Europe doit se faire entendre lorsque les États-Unis à l'occasion de l'installation de l'administration Trump, annoncent qu'ils pourraient revenir sur leurs engagements à l'égard des autres pays et de l'espèce humaine tout entière.

Là encore, le « charbonnier maître chez lui » ne peut servir de maxime à l'humanité. Sauf à la menacer dans son avenir même.

Il en est de même pour une certaine idée de l'humanisme écologique. L'impact des activités humaines sur la biodiversité, doit être mesuré à une double aune. D'abord en considérant que nous sommes les hôtes de notre planète, et que nos enfants en seront les hôtes à leur tour, et les enfants de nos enfants. Qui, conscient et aimant, détruirait la maison qu'il laissera à ses enfants ? Il est des liens subtils, mystérieux mais vitaux qui nous unissent à nos frères vivants, du monde végétal et du monde animal. Cette sensibilité dont François d'Assise fut en Occident le meilleur interprète, et sur laquelle une grande partie de l'Orient s'est construite, est devenue aujourd'hui, en considération des effets de nos activités sur l'univers naturel, non plus une préférence philosophique mais une question proprement vitale.

La réduction effrayante du nombre des espèces vivantes est une menace sur nous-mêmes. La responsabilité de respecter les biotopes, de restaurer les milieux, notamment les milieux non colonisés par l'homme, est donc notre responsabilité de génération. Il nous revient pour la première fois dans l'histoire de l'humanité de restaurer ce que la Création, ou le hasard, nous avait offert comme cadre et comme compagnons de vie.

Et puis il est une idée de l'homme qui est incompatible avec nos comportements.

Je suis un fils de paysan, et j'ai été moi-même un éleveur. Je n'ai pas de sensiblerie particulière. Je sais que les animaux d'élevage sont pour la plupart destinés à la production, parfois à la boucherie, parfois à la reproduction ou à des activités pour lesquelles ils ont été sélectionnés. Mais aucun éleveur ne se sent bien lorsqu'il a le sentiment que les animaux dont il a la charge sont malheureux ou maltraités. Les éleveurs doivent donc être les premiers alliés de tous ceux qui se battent pour le bien-être animal. Et il faut les y aider. Particulièrement, en les comprenant, en parlant leur langue, et en refusant de les cibler comme il arrive trop souvent, en les caricaturant en bourreaux ou en indifférents.

L'aide la plus précieuse que l'on puisse accorder aux animaux, c'est de garantir un meilleur revenu aux meilleures conditions d'élevage. C'est toute la politique des labels, des origines garanties. Je plaide, par exemple, pour que le lait des vaches qui sont élevées au pré, qui sortent de l'étable pour paître en plein air et à la lumière, soit labellisé et mieux payé. Nombre d'éleveurs en seront heureux. Et nombre d'entre eux saisiront l'occasion de réorienter leur exploitation.

L'organisation de la production et de la commercialisation est la clé d'une politique agricole que les consommateurs apprécieront et que les producteurs aimeront assumer. De grands progrès ont permis le bien-être des viticulteurs. De grands progrès doivent permettre en garantissant les modes de production à l'intention des consommateurs, le bien-être matériel et moral des agriculteurs, des maraîchers, des producteurs de fruits, des agriculteurs au sens large, des productions végétales au sens large. C'est ici qu'il faut chercher le développement de l'agriculture et du maraîchage bio dont l'élan est souhaitable, et se trouverait assuré, dès l'instant que l'authenticité de la production serait garantie au consommateur, avec toutes les conditions de traçabilité, et même de communication sur l'excellence de la production. Ce développement sera éminemment soutenable, en particulier, parce qu'il privilégiera par nature les productions de proximité, les circuits les plus courts possible entre producteurs et consommateurs.

Car une partie de la crise agricole est économique. Mais une partie est morale. Les agriculteurs se sont vécus pendant des siècles comme indépendants, et comme défenseurs de la nature. Aujourd'hui, un très grand nombre parmi eux est devenu dépendant des banques, soumis à d'éprouvantes obligations administratives et normatives, et se sent mis en accusation comme ennemi de la nature au sein de laquelle est sa vie. C'est un double ou triple traumatisme. Il revient aux promoteurs et aux défenseurs d'un développement soutenable de prendre en compte les conditions morales et matérielles de l'univers paysan qui a fait l'humanité.

Car de cet univers dépend aussi la survie de cette humanité. On dit très souvent que bientôt la planète ne pourra plus nourrir les hommes. Je ne partage en rien cette terreur malthusienne. Je pense qu'il est d'immenses ressources sur notre terre et que le monde paysan n'a pas fini de répondre aux besoins de l'humanité. Mais il faudra des inflexions, des changements d'habitudes. Je suis toujours frappé de voir l'Inde, avec sa population d'un milliard trois cents millions d'âmes, et son territoire relativement restreint, autosuffisante du point de vue de l'alimentation, et même exportatrice[1] ! Tout cela avec des cultivateurs dont l'exploitation moyenne n'excède

1. Sauf, si ma mémoire est fidèle, pour ce qui concerne les lentilles, principale source de protéines végétales.

pas 1 hectare, et avec un appareil de distribution encore peu abouti, notamment en ce qui concerne la chaîne du froid.

Le secret est à la portée de l'humanité : l'Inde est majoritairement végétarienne. Je suis persuadé que la nécessité, et l'évolution des goûts qui l'accompagne (et dont parfois nous n'avons pas conscience), vont nous conduire à élargir la place du végétal dans l'alimentation des hommes. Cela commence dans nos cantines scolaires[1].

On voit que tout est lié. Il s'agit, en définissant un projet de développement soutenable, de porter le projet d'un humanisme renouvelé, qui saisit l'être humain dans toutes ses dimensions, politique, écologique, de relation au lointain et au proche, de relation avec le monde vivant et avec notre biotope, avec l'Univers passé et à venir.

1. Des menus sans viande, et des menus végétariens sont et seront proposés aux enfants qui le souhaitent dans toutes les cantines de l'agglomération de Pau.

Pour servir de conclusion

Nous sommes devant un grand choix de peuple. Le climat dans lequel ce choix va se faire est complexe. Immense insatisfaction devant les propositions de maintien de la politique existante ; immense réticence devant des projets de rupture qui risquent de mettre à mal l'unité de la société et de porter atteinte à la croissance ; doutes et inquiétudes, souvent peur, devant l'extrémisme. Insatisfaction aussi devant des projets si flous que nul ne peut les projeter sur l'avenir d'un peuple.

Nous sommes des millions à refuser ces propositions que nous ressentons comme autant d'impasses. Nous sommes des millions qui cherchons une voie nouvelle.

J'ai essayé de montrer au long des chapitres de ce livre que cette voie existe. Une conscience aiguë de la France et des enjeux de son avenir, des idées simples et fortes pour lui rendre son unité, des actions décisives pour qu'elle retrouve l'énergie qui fait les peuples vivants, des principes qui lui permettront de se faire entendre en Europe et de mettre l'Europe à portée des Français, une pratique nouvelle des institutions, une conception plus rassembleuse de la politique, l'État rétabli dans la plénitude de ses fonctions et débarrassé de l'omnipotence sous lequel on l'ensevelit, le souci des générations futures et de notre patrimoine naturel devenu un principe de gouvernement : voilà les repères de cette voie politique nouvelle. Il faut y ajouter la défense du pluralisme qui tourne la page sur l'espèce de guerre civile perpétuelle à laquelle nous nous livrons sur des fronts sans cesse nouveaux.

Ainsi peut s'envisager une démarche politique à laquelle les Français adhèreront et qui obligera les partis traditionnels et épuisés à se renouveler.

Ma conviction est arrêtée depuis longtemps : les défis qui s'offrent à nous sont tels, et si nombreux, et si profondément inédits qu'il est illusoire de vouloir les résoudre par les jeux classiques de notre démocratie parcellisée. La question clé des orientations nouvelles que la France devra suivre est en effet celle du soutien que ces orientations peuvent recevoir dans l'opinion.

Je crois que la mobilisation de ce large soutien est possible. Les Français ont fait l'expérience de la politisation à outrance. Chaque parti a enseigné à ses sympathisants à détester le concurrent, à le mépriser, assez souvent à le haïr. Par malchance, ou par chance, on sait maintenant que ce n'est pas parce que l'adversaire est antipathique que ses propres chefs sont efficaces, ni compréhensifs. L'esprit de parti, avec toutes ses nuisances, s'est considérablement répandu. L'opinion s'en rend largement compte. Restent bien sûr quelques fanatiques, c'est humain, des sectaires assez nombreux et il suffit de fréquenter Internet pour les voir donner libre cours à leur fièvre et à leur bile. Mais ce sont toujours les mêmes. Et leur famille elle-même les regarde avec quelque réticence.

Les Français sont mûrs pour des temps nouveaux. Telle est ma conviction.

Ils savent la complexité des choses, ils la vivent dans leur propre vie. Tel qui défilait contre le mariage pour tous découvre que dans sa propre famille ses certitudes sont ébranlées. Tel qui pestait contre les chômeurs, ces parasites, se découvre sans emploi et fait à son tour le chemin humiliant de Pôle emploi. Tel qui détestait les étrangers découvre l'idylle de sa fille. Tel qui exigeait l'augmentation des impôts « pour les riches » découvre soudain que sa propre feuille d'impôts a fait des bonds douloureux.

Les certitudes sont ébranlées. Et l'absence de solutions fiables frappe tous les esprits.

Pour la première fois depuis longtemps, un projet cohérent et construit, qui ne ruse pas avec la réalité, qui s'explique franchement, peut se faire entendre.

Le projet touche à l'essentiel : en tout cas, c'est ce que j'ai voulu. Ceux qui l'auront lu comprendront que, comme aucun sujet sensible n'a été éludé, ce projet n'est pas à prendre ou à laisser. Les citoyens et les forces qui voudront s'intéresser à cette idée du renouveau pourront évidemment en discuter les effets. Mais il donne les contours d'une volonté nouvelle. D'une résolution pour la France.

C'est cette Résolution française qui peut changer le climat et l'ambiance, le moral de la nation.

Et dans ce climat renouvelé, bien des sensibilités peuvent prendre leur place et participer au lieu de se sentir constamment en marge, constamment en révolte. La vie politique nouvelle que cette résolution appelle, non moins riche, non moins passionnée que par le passé sera plus authentique, puisque chaque courant pourra s'y exprimer. Seul l'esprit de système en sera éloigné, puisque chacun aura droit à la parole, à l'objection comme à l'approbation.

Le plus marquant est que nos institutions n'ont pas besoin d'être renversées pour obtenir un tel changement. C'est seulement une pratique nouvelle, plus responsable et plus compréhensive qui rendra possible le cours nouveau de notre démocratie.

Autant que je le pourrai, je participerai à ce changement en bannissant les débats abstraits, les mots auxquels on ne comprend rien, les polémiques d'experts. Je suis acquis à l'idée que c'est de simplicité, grande vertu des pédagogues, que les temps manquent le plus. Comme ils manquent d'esprit pratique.

Pour moi, l'esprit pratique et la simplicité ne sont nullement ennemis du sens de l'idéal.

J'assume une revendication d'idéal. Je revendique le mot. Autant je récuse l'approche idéologique qui prétend tout savoir et tout plier à sa logique, autant je considère l'idéal, une certaine dose d'idéalisme comme nécessaire à la vie. Comme les étoiles le sont pour se repérer et s'orienter. Comme l'oxygène pour l'organisme asphyxié par l'effort.

L'idéalisme n'est pas à la mode, et l'idéal fait hausser les épaules. Je veux bien les relever de l'abandon où ils se trouvent. Les choses les plus précieuses du monde relèvent, un peu ou beaucoup, de l'idéal qui fait vivre. L'humanisme est un idéal, en ce qu'il considère que l'homme, libéré et épanoui, à libérer et à épanouir, est à construire. Il refuse de borner son regard à ne voir en lui que le producteur ou le consommateur, ou le soumis. Il se saisit de ce qui est irréductible en lui, de la haute aspiration qui refuse de plier, et il en fait raison de vivre. Plus encore, il fait raison de vivre aussi de résister à la tentation de plier. Il n'accepte pas que l'esclave se voie comme esclave, qu'il soit vendu à un maître ou à la publicité. Et dans l'esclave, même consentant, il voit l'homme libre. Il ne donne pas de leçons, il ne fait pas de sermons, simplement il voit la part d'absolu qui même enterrée, oubliée, très loin, ne cesse pas de clignoter et timidement de rayonner.

La démocratie est un idéal, qui revendique le citoyen comme conscience et comme responsabilité, et qui ne se lasse pas, même quand les foules réclament de tâter un peu du knout, quand les grenouilles réclament un roi, et même un roi ce n'est pas assez, mieux vaudrait un tyran inflexible.

La tolérance et la laïcité sont un idéal. Il est ainsi proposé que, dans toutes les sociétés et sous toutes les latitudes, quel que soit le degré de son attachement à ses convictions et à ses croyances, on en maîtrise l'arrogance et la certitude, en accordant à l'autre, le prochain ou le lointain, le droit de conduire les siennes. En distinguant l'espace public qui est celui de la loi, de l'espace choisi qui est celui de la foi, on ouvre les portes de la liberté et on permet, y compris aux plus sincèrement engagés, de vivre ensemble.

La volonté sociale est un idéal. Réguler les richesses et la volonté de les multiplier pour que les situations de fortune ne s'écartent pas trop, c'est aller à l'encontre de l'instinct le plus basique. C'était tenir en lisière le « toujours plus ! ». Toujours plus parce que je le vaux bien ! C'est rappeler aux satisfaits d'eux-mêmes qu'ils sont d'une certaine manière le fruit du hasard et que les droits des uns et des autres méritent d'être égaux.

Le fond de cette vaste entreprise de reconstruction, c'est la mobilisation de la société, de ce qu'il y a de vivant, de créatif, d'imaginatif, d'entreprenant en elle.

C'est souvent quand tout paraît compromis que les choses commencent à se redresser. Mon intuition est qu'un tel renversement se laisse deviner à l'horizon. Sous le chaos se forme la résolution nouvelle dont le peuple français a besoin pour redevenir ce qu'il n'aurait jamais dû cesser d'être : un signal et un repère pour le monde des hommes libres.

Table des matières

Déclaration de principe 9
Une brève feuille de route 17

ÉTAT DE LA FRANCE

Vitalité de la France.. 25
Une société forte.. 31
Le mal français.. 35

UNE MÉTHODE

La lucidité sur nous-mêmes 45
Chercher le cœur de cible.. 49
Le peuple partenaire du pouvoir.............................. 55
La réforme progressive 61

L'UNITÉ

Un projet national unique 71
Unité et pluralisme 81
La loyauté civique, l'information 89

La loyauté dans la représentation 95
La fonction présidentielle 105
Unité nationale ou union nationale ? 119
La communauté nationale et l'immigration 123
Un droit nouveau, le droit de la communauté 135
La question de l'Islam 141
Laïcité 155
L'indispensable volonté sociale 163
Une proposition d'unité, le service universel 179

L'ÉNERGIE

L'énergie économique 189
L'équilibre des finances 199
La question des générations, l'éducation 203
Le droit à la première expérience professionnelle ... 221

UNE VISION

Un nouveau monde 231
La stratégie, sujet national 239
Le besoin d'identité 243
La langue est une patrie 247
Le principe de souveraineté 253
La question de l'Europe 267
Le Brexit 289
L'Europe vers le plein emploi 293
Notre sécurité 299
Développement soutenable 307

Pour servir de conclusion 319

Composition et mise en pages
Nord Compo à Villeneuve-d'Ascq

Achevé d'imprimer en janvier 2017
sur les presses de Normandie Roto Impression s.a.s.
61250 Lonrai
N° d'impression : 1605620

Imprimé en France